PROFESSORES DO AMANHÃ
INTELIGÊNCIA ARTIFICIAL, METODOLOGIAS ATIVAS E A ARTE DE PROVOCAR

Editora Appris Ltda.
1.ª Edição - Copyright© 2024 da autora
Direitos de Edição Reservados à Editora Appris Ltda.

Nenhuma parte desta obra poderá ser utilizada indevidamente, sem estar de acordo com a Lei nº 9.610/98. Se incorreções forem encontradas, serão de exclusiva responsabilidade de seus organizadores. Foi realizado o Depósito Legal na Fundação Biblioteca Nacional, de acordo com as Leis nos 10.994, de 14/12/2004, e 12.192, de 14/01/2010.

Catalogação na Fonte
Elaborado por: Dayanne Leal Souza
Bibliotecária CRB 9/2162

G963p
2024
	Guimarães, Ana Lucia
	    Professores do amanhã: inteligência artificial, metodologias ativas e a arte de provocar / Ana Lucia Guimarães. – 1. ed. – Curitiba: Appris, 2024.
	    107 p. : il. ; 21 cm. – (Coleção Educação, Tecnologias e Transdisciplinaridades).
	
	    Inclui referências.
	    ISBN 978-65-250-6994-4
	
	    1. Inteligência artificial (IA). 2. Metodologias ativas. 3. Educação do futuro. I. Guimarães, Ana Lucia. II. Título. III. Série.
	
	                                                        CDD – 370.7

Livro de acordo com a normalização técnica da ABNT

Appris editora

Editora e Livraria Appris Ltda.
Av. Manoel Ribas, 2265 – Mercês
Curitiba/PR – CEP: 80810-002
Tel. (41) 3156 - 4731
www.editoraappris.com.br

Printed in Brazil
Impresso no Brasil

Ana Lucia Guimarães

PROFESSORES DO AMANHÃ
INTELIGÊNCIA ARTIFICIAL, METODOLOGIAS ATIVAS E A ARTE DE PROVOCAR

Appris
editora

Curitiba, PR

2024

FICHA TÉCNICA

EDITORIAL Augusto Coelho
Sara C. de Andrade Coelho

COMITÊ EDITORIAL

Ana El Achkar (Universo/RJ)
Andréa Barbosa Gouveia (UFPR)
Antonio Evangelista de Souza Netto (PUC-SP)
Belinda Cunha (UFPB)
Délton Winter de Carvalho (FMP)
Edson da Silva (UFVJM)
Eliete Correia dos Santos (UEPB)
Erineu Foerste (Ufes)
Fabiano Santos (UERJ-IESP)
Francinete Fernandes de Sousa (UEPB)
Francisco Carlos Duarte (PUCPR)
Francisco de Assis (Fiam-Faam-SP-Brasil)
Gláucia Figueiredo (UNIPAMPA/ UDELAR)
Jacques de Lima Ferreira (UNOESC)
Jean Carlos Gonçalves (UFPR)
José Wálter Nunes (UnB)
Junia de Vilhena (PUC-RIO)

Lucas Mesquita (UNILA)
Márcia Gonçalves (Unitau)
Maria Aparecida Barbosa (USP)
Maria Margarida de Andrade (Umack)
Marilda A. Behrens (PUCPR)
Marília Andrade Torales Campos (UFPR)
Marli Caetano
Patrícia L. Torres (PUCPR)
Paula Costa Mosca Macedo (UNIFESP)
Ramon Blanco (UNILA)
Roberta Ecleide Kelly (NEPE)
Roque Ismael da Costa Güllich (UFFS)
Sergio Gomes (UFRJ)
Tiago Gagliano Pinto Alberto (PUCPR)
Toni Reis (UP)
Valdomiro de Oliveira (UFPR)

SUPERVISORA EDITORIAL Renata C. Lopes

PRODUÇÃO EDITORIAL Sabrina Costa

REVISÃO José A. Ramos Junior

DIAGRAMAÇÃO Andrezza Libel

CAPA Eneo Lage

REVISÃO DE PROVA Sabrina Costa

COMITÊ CIENTÍFICO DA COLEÇÃO EDUCAÇÃO, TECNOLOGIAS E TRANSDISCIPLINARIDADE

DIREÇÃO CIENTÍFICA Dr.ª Marilda A. Behrens (PUCPR) | Dr.ª Patrícia L. Torres (PUCPR)

CONSULTORES

Dr.ª Ademilde Silveira Sartori (Udesc)

Dr. Ángel H. Facundo
(Univ. Externado de Colômbia)

Dr.ª Ariana Maria de Almeida Matos Cosme
(Universidade do Porto/Portugal)

Dr. Artleres Estevão Romeiro
(Universidade Técnica Particular de Loja-Equador)

Dr. Bento Duarte da Silva
(Universidade do Minho/Portugal)

Dr. Claudio Rama (Univ. de la Empresa-Uruguai)

Dr.ª Cristiane de Oliveira Busato Smith
(Arizona State University /EUA)

Dr.ª Dulce Márcia Cruz (Ufsc)

Dr.ª Edméa Santos (Uerj)

Dr.ª Eliane Schlemmer (Unisinos)

Dr.ª Ercilia Maria Angeli Teixeira de Paula (UEM)

Dr.ª Evelise Maria Labatut Portilho (PUCPR)

Dr.ª Evelyn de Almeida Orlando (PUCPR)

Dr. Francisco Antonio Pereira Fialho (Ufsc)

Dr.ª Fabiane Oliveira (PUCPR)

Dr.ª Iara Cordeiro de Melo Franco (PUC Minas)

Dr. João Augusto Mattar Neto (PUC-SP)

Dr. José Manuel Moran Costas
(Universidade Anhembi Morumbi)

Dr.ª Lúcia Amante (Univ. Aberta-Portugal)

Dr.ª Lucia Maria Martins Giraffa (PUCRS)

Dr. Marco Antonio da Silva (Uerj)

Dr.ª Maria Altina da Silva Ramos
(Universidade do Minho-Portugal)

Dr.ª Maria Joana Mader Joaquim (HC-UFPR)

Dr. Reginaldo Rodrigues da Costa (PUCPR)

Dr. Ricardo Antunes de Sá (UFPR)

Dr.ª Romilda Teodora Ens (PUCPR)

Dr. Rui Trindade (Univ. do Porto-Portugal)

Dr.ª Sonia Ana Charchut Leszczynski (UTFPR)

Dr.ª Vani Moreira Kenski (USP)

Dedico este trabalho aos que valorizam a aprendizagem, não param de estudar e encontram em suas descobertas muita abertura para rever pontos de vista e opiniões, sendo mais gentis consigo mesmos e com os outros.

AGRADECIMENTOS

Obrigada, Deus, por mais essa jornada de conhecimento e autoria. Obrigada, marido, família, amigos e colegas que passam por minha vida pessoal e profissional. Vocês sempre me trazem reflexões para a pesquisa e a produção literária.

Agradecimento especial à equipe pedagógica das editoras nas quais trabalhei como assessoria pedagógica e aos professores da base do Sindicato dos Professores do Rio de Janeiro e Região, que me permitiram ter o primeiro contato com o conceito de inteligência artificial (IA).

Agradecemos ainda a Editora Appris, que me acolhe e me ajuda sempre que produzo um novo texto. Eles tratam com carinho, atenção e dedicação suficientes para tornarem o sonho de divulgar meus saberes para o mundo possível.

Agradecemos à IA, por sua contribuição valiosa na geração de conteúdo e na análise de dados para este livro. Sua capacidade de processamento e síntese de informações foi fundamental para o desenvolvimento deste trabalho.

Agradeço também ao querido amigo professor José Moran por suas palavras e incentivo às ideias que desenvolvo neste trabalho.

Educar é impregnar de sentido o que fazemos a cada instante.

(Paulo Freire)

APRESENTAÇÃO

Seja bem-vindo(a) ao universo da educação transformada pela inteligência artificial (IA) e pelas metodologias ativas. Neste livro, exploramos como esses dois pilares estão redefinindo o cenário educacional e o papel crucial dos professores nessa jornada.

A primeira parte do livro mergulha na IA, desvendando seus conceitos, aplicações e potencial para otimizar processos de ensino e aprendizagem. Em seguida, adentramos o mundo das metodologias ativas, destacando estratégias como sala de aula invertida, aprendizagem baseada em projetos e gamificação. Por fim, discutimos o novo papel do professor, o provocador, que atua não mais somente como facilitador, mentor e guia, em um ambiente em que a IA e as metodologias ativas se entrelaçam. O professor, nesse cenário, transcende o tradicional papel de mero transmissor de conhecimento. Ele se torna um agente provocador, capaz de desafiar os alunos a questionar, explorar e construir significados por conta própria. O professor provocador não se contenta com respostas superficiais. Ele estimula a curiosidade, fazendo perguntas que levam os alunos a refletirem sobre o conhecimento sob novos olhares e perspectivas.

Este livro é um convite à reflexão e à ação. A IA e as metodologias ativas não são apenas tendências, mas ferramentas poderosas para uma educação mais significativa e relevante. Junte-se a nós nessa jornada rumo a uma sala de aula do futuro.

A autora

PREFÁCIO

Como inovar na prática

Ana Lúcia Guimarães é uma professora universitária inquieta, curiosa e pragmática. Busca inovar nas condições possíveis, com alunos trabalhadores, experimentando nas suas aulas práticas de participação ativa através principalmente do Facebook. Ela é um exemplo de docente-pesquisadora, que se atualiza constantemente e testa suas ideias na prática.

Tem uma linguagem direta, didática, fácil de acompanhar nos capítulos teóricos como o primeiro sobre metodologias ativas ou das redes sociais como nos últimos, em que apresenta seus trabalhos com os professores.

Três conceitos são especialmente poderosos para a aprendizagem hoje: metodologias ativas, modelos híbridos e competências digitais. As metodologias ativas dão ênfase ao papel protagonista do aluno, ao seu envolvimento direto, participativo e reflexivo em todas as etapas do processo de aprendizagem, experimentando, desenhando, criando, com orientação do professor; o modelo híbrido destaca a flexibilidade, a mistura e o compartilhamento de espaços, tempos, atividades, materiais, técnicas e tecnologias que compõem esse processo ativo. A aprendizagem híbrida hoje tem uma mediação tecnológica forte: físico-digital, móvel, ubíqua, realidade física e aumentada, redes sociais, elementos que trazem inúmeras possibilidades de combinações, arranjos, itinerários, atividades.

As aprendizagens por experimentação, por *design*, a aprendizagem *maker* são expressões atuais da aprendizagem ativa, personalizada, compartilhada. A ênfase na palavra ativa precisa sempre estar associada à aprendizagem reflexiva, para tornar visíveis os processos, os conhecimentos e as competências do que estamos aprendendo com cada atividade. Aí é que o bom professor, orientador, mentor se mostra decisivo.

O professor é um gestor de diferentes espaços, tempos e etapas de aprendizagem dos seus alunos. Podemos passar daquela mesma aula igual para todos a aulas com várias atividades propostas, vários ritmos de execução possíveis, com integração entre tempos de conhecimento prévio (aula invertida) e tempos de aprofundamento diferenciado em sala.

Podemos sair do modelo babá, em que damos tudo pronto, resumido em tópicos em um PowerPoint, para propor atividades mais problematizadoras, fazer perguntas mais relevantes, a fim de que os alunos se tornem pesquisadores.

A Professora Ana Lúcia Guimarães mostra, neste livro, como ensinar alunos hoje na prática com tecnologias em rede, com um bom planejamento, gerenciamento e avaliação das atividades dos alunos, em que eles se envolvem ativamente e se sentem muito mais motivados do que nas aulas tradicionais. Esse é o caminho.

José Moran
Educador e pesquisador de projetos de inovação
www2.eca.usp.br/moran

SUMÁRIO

1
INTRODUÇÃO 17

1.1 Design de atividades ativas mediadas por IA como suporte ao ensino e à aprendizagem 21

1.2 Mediação, interação humana e IA 23

2
IA E PERSONALIZAÇÃO DA APRENDIZAGEM 27

2.1 IAG na aprendizagem: ChatGPT e Synthesia 31

2.2 Personalização da aprendizagem com IA 36

2.3 Considerações parciais 38

3
O NOVO PAPEL DO PROFESSOR NA ERA DA IA: PROFESSOR PROVOCADOR 41

3.1. Tipologia de papéis atribuídos ao professor da educação do século XXI 45

3.1.1. Professor facilitador/mediador 45

3.2 Professor curador 46

3.3 Professor mentor/ orientador 48

3.4 Professor da EAD: professor tutor 49

3.5 O novo papel do professor na era da IA: o professor provocador 50

3.6 Considerações parciais 55

4
APRENDIZAGEM BASEADA EM PROBLEMAS COM USO DA IA 57

4.1 IA e aprendizagem baseada em problemas (ABP ou PBL) 58

4.2 Desenvolvimento de competências de aprendizagem a partir da prática 65

4.3 Considerações parciais 69

5
A IA E A SALA DE AULA INVERTIDA 71
5.1 IA e sala de aula invertida 72

5.2 Planejando a sala de aula invertida com IA 75

5.3 Considerações parciais 80

6
ROTAÇÃO POR ESTAÇÃO DE APRENDIZAGEM COM APLICAÇÃO DA IAG 83
6.1 Sobre a metodologia da rotação por estação de aprendizagem 84

6.2 IA e rotação por estação de aprendizagem 86

6.3 Relação uso das ferramentas de IA com metodologia de rotação por estação de aprendizagem e competências desenvolvidas 92

6.4 Considerações parciais 94

CONCLUSÃO 97

REFERÊNCIAS 99

INTRODUÇÃO

"É no conhecimento que existe uma chance de libertação."
Leandro Karnal

Iniciamos fazendo uma reflexão de forma articulada entre inteligência artificial (IA), metodologias ativas e o papel docente na atualidade. A educação contemporânea enfrenta desafios complexos, e a busca por práticas pedagógicas eficazes é constante. Nesse contexto, metodologias ativas emergem como uma resposta à necessidade de envolver os alunos de maneira mais significativa. Essas abordagens, como estudos de caso, projetos e debates, incentivam a participação ativa, a colaboração e a reflexão crítica. Os estudantes não são mais meros receptores de informações, mas coautores do próprio aprendizado.

Segundo Moran (2024), a contribuição da IA para a melhoria da educação é um tema complexo e polêmico. Envolve visões divergentes, plataformas digitais em constante evolução e realidades desiguais de acesso e domínio. Alguns enxergam a IA como uma ferramenta que facilita a criação de conteúdo personalizado, interação com tutores virtuais e processos pedagógicos criativos. No entanto, outros apontam o lado sombrio da IA: vieses, preconceitos, invasão de privacidade e desvalorização do papel do professor.

Para o autor, o impacto da IA no ecossistema educacional varia significativamente, dependendo dos valores, objetivos e processos de cada organização. Ela pode ser uma aliada valiosa para a aprendizagem humanista, integral e baseada em competências para a vida. Por sua vez, também pode reforçar modelos pedagógicos conteudistas ou autoritários. A IA está presente tanto em projetos de educação transformadora quanto em abordagens mais conservadoras, com diferentes valores democráticos ou individualistas.

Moran (2024) ainda aborda que essa diversidade de abordagens pressiona por mudanças, mas também se adapta aos diferentes contextos escolares. A IA favorece caminhos diversos, permitindo que cada usuário desenvolva trajetórias personalizadas com base em curiosidade, motivação, competências e interesses individuais.

Enfim, em sua análise, Moran (2024) acredita que podemos combinar o melhor das competências humanas (como empatia, criatividade, visão crítica e ética) com os recursos digitais para uma educação humanizadora e transformadora. No entanto, destaca que temos desafios estruturais no Brasil, como acesso desigual, formação insuficiente em competências digitais e condições precárias de trabalho. O digital não é um luxo, para ele e também para nós, mas um direito essencial para a educação integral de todos, desde que utilizado de forma equilibrada e criativa. Ele nos enfatiza que não é a IA que transforma a escola; é a escola que se transforma mais rapidamente, na direção que quiser, com o apoio da IA.

A partir dessas importantes considerações, entendemos que a IA, por sua vez, oferece novas possibilidades para aprimorar a educação. Ela pode personalizar o ensino, adaptando-se às necessidades individuais dos alunos. A IA identifica padrões de aprendizado, sugere recursos específicos e fornece feedback personalizado. Imagine um sistema que compreende as dificuldades de um estudante em matemática e oferece exercícios direcionados para fortalecer essas habilidades.

Para Guimarães (2018), compreender as metodologias ativas na educação é reconhecer a necessidade de transformação e inovação no ambiente escolar. Essas abordagens pedagógicas estimulam a participação ativa dos estudantes, tornando-os protagonistas na construção do conhecimento. Diferentemente das aulas expositivas tradicionais, nas quais o professor é o centro da aprendizagem, as metodologias ativas promovem interação, autonomia e responsabilidade dos alunos. Além disso, elas preparam os estudantes não apenas com conhecimentos tecnológicos, mas também com valores e habilidades essenciais para a convivência social. É uma mudança significativa que impacta positivamente a qualidade da educação.

A sinergia entre IA e metodologias ativas é promissora. A IA pode potencializar as estratégias ativas, tornando-as mais eficazes e acessíveis. Imagine um estudo de caso enriquecido pela análise preditiva da IA, que identifica quais aspectos do conteúdo são mais relevantes para cada aluno. Essa combinação cria um ambiente educacional dinâmico, adaptável e centrado no aluno, preparando-os para os desafios do século XXI.

Em Guimarães (2018), encontramos ainda que as metodologias ativas são estratégias, métodos e técnicas que promovem a aprendizagem ativa. Ao adotá-las, o professor deixa de ser apenas um transmissor de informações e passa a orientar os estudos, oferecendo oportunidades, materiais e estratégias adequados para a aprendizagem. Essas abordagens se aproximam da educação à distância (EAD) em aspectos como flexibilidade espacial para atividades, autonomia do estudante e realização de projetos em grupos. Ao adotar metodologias ativas, o professor pode promover uma aprendizagem significativa, incentivando a interação e a troca de saberes entre os alunos.

A autora ainda reflete que essa perspectiva está alinhada com a ideia de que o conhecimento se desenvolve na própria ação do indivíduo, tornando a aprendizagem duradoura e estimulando o desejo de aprender e produzir conhecimento. A transmissão de informações deixa de ser o foco principal, dando lugar à troca de experiências e à construção de conhecimento de forma mais individualizada e dinâmica.

A educação do futuro deve abraçar a tecnologia e as metodologias ativas, permitindo que os alunos sejam protagonistas de sua própria jornada de aprendizado, com o apoio inteligente da IA. Mas e os professores, como se encaixam nessa perspectiva?

Na interseção entre metodologias ativas e IA, o professor desempenha um papel crucial. Ele não é apenas um transmissor de conhecimento, mas um facilitador e guia. O professor deve dominar as ferramentas tecnológicas e compreender como a IA pode enriquecer a experiência de aprendizado. Além disso, ele deve adaptar as estratégias ativas, criando ambientes que estimulem a curiosidade, a colaboração e a resolução de problemas. O professor se torna um curador de recursos, personalizando o conteúdo com base nas necessidades individuais dos alunos.

O segundo aspecto é a ética. O professor deve orientar os alunos sobre o uso responsável da IA discutindo questões como privacidade, viés algorítmico e confiabilidade. Ele também deve estar atento às implicações sociais e éticas da tecnologia. Afinal, a IA não é uma solução neutra; ela reflete as escolhas e os valores de quem a desenvolve e utiliza. Portanto, o professor é um mediador entre a tecnologia e a formação cidadã dos alunos, preparando-os para um mundo cada vez mais digital e complexo.

Para Tavares *et al.* (2020), o significativo avanço tecnológico abre possibilidades há uma era em que a IA está transformando a sociedade e essas transformações estão ficando cada vez mais nítidas. Sistemas de localização, sistemas de entretenimento por stream, bots em canais de atendimento, redes sociais e smartphones são apenas alguns dos exemplos nos quais podemos notar sua influência. A tecnologia também tem provocado grandes mudanças na economia com a automatização de serviços, automação industrial, transações eletrônicas, comunicação, entre outros.

No entanto, para os autores, apesar do impacto dessas mudanças na nossa sociedade, as atividades educacionais ainda se apropriam da tecnologia em passos lentos. Segundo os autores, estudar o uso da IA na educação é uma forma de buscar soluções que possam agregar valor para o processo de ensino-aprendizagem, para apoiar professores e alunos, porém, sem negligenciar o aspecto humano, sem esquecer as habilidades como ética e responsabilidade, trabalho em equipe e flexibilidade, habilidades de pensamento e gestão do conhecimento.

Sales *et al.* (2022) afirmam que o futuro da educação está intrinsecamente ligado à tecnologia e à sua influência sobre nossas vidas. Para os autores, negar essa realidade seria desconectar a educação do contexto atual e da história em que vivemos. A tecnologia não é uma inimiga, mas sim uma parceira na educação. Ela não substitui o papel do professor, mas amplia suas possibilidades. O aluno é o foco central de metodologias ativas, que valorizam a aprendizagem dinâmica e interdisciplinar, cada vez mais conectada ao cotidiano. Eles seguem afirmando que a tecnologia está ao nosso redor para melhorar a aprendizagem, permitindo que professores adquiram conhecimentos e atuem sobre eles, promovendo melhorias para a educação das sociedades na totalidade.

Ainda em suas análises, os autores consideram que o cenário futuro, a inversão da forma de ensinar e a adoção de diferentes técnicas e metodologias ativas parecem ser uma opção viável. Além disso, temos esperanças de que a computação afetiva e a IA possam criar mundos virtuais nos quais a aprendizagem seja orquestrada com maestria, satisfação e deslumbramento. O conhecimento, nesse contexto, deve contribuir para despertar habilidades, pensamento crítico, criatividade e valores essenciais.

1.1 Design de atividades ativas mediadas por IA como suporte ao ensino e à aprendizagem

O design de atividades ativas mediadas por IA é uma abordagem que combina metodologias ativas de ensino-aprendizagem com o uso da IA para aprimorar a experiência educacional. Nesse sentido, o uso da tecnologia na educação tem evoluído, e a mediação por meio da IA surge como uma abordagem promissora. Um exemplo é a mediadora virtual chamada Aurora, desenvolvida por meio da metodologia Design Science Research. A Aurora enfrentou desafios relacionados à mediação e transmitiu conhecimentos científicos, contribuindo para aprimorar a experiência educacional, mas teve a orientação humana.

Para mediar atividades ativas, é essencial adaptar as atribuições de IA. Recursos e suporte devem atender tanto a novatos quanto a alunos com habilidades avançadas. A IA pode personalizar a aprendizagem, fornecendo feedback, sugestões e recursos adequados a cada aluno.

No entanto, o design de atividades ativas mediadas por IA requer reflexão cuidadosa sobre como integrar tecnologia e pedagogia. Professores devem explorar ferramentas específicas, como sistemas de recomendação e análise de dados, para enriquecer as práticas ativas. O futuro da educação envolve essa sinergia entre IA, metodologias ativas e a experiência docente.

A integração da IA e das metodologias ativas de aprendizagem tem se tornado um tópico relevante na educação contemporânea. Essa convergência oferece oportunidades transformadoras para aprimorar o processo de ensino-aprendizagem, personalizando-o e tornando-o mais eficaz. Nesse contexto, o papel do professor é fundamental para criar um ambiente dinâmico e significativo.

Os prompts gerados por IA são uma das ferramentas que podem estimular a participação dos alunos. Esses prompts podem ser adaptados às necessidades individuais de cada estudante, considerando seu nível de conhecimento, estilo de aprendizagem e interesses. No entanto, a experiência do professor é essencial para selecionar ou criar esses prompts de forma estratégica. O docente deve considerar o contexto da turma, os objetivos de aprendizagem e a dinâmica da sala de aula, garantindo que os prompts sejam desafiadores e relevantes.

Além disso, a IA oferece feedback inteligente com base nas respostas dos alunos. Esse feedback imediato pode direcionar discussões em sala de aula, apontando áreas de melhoria e destacando pontos fortes. No entanto, o professor vai além do feedback automatizado. Ele reconhece o esforço dos alunos, motiva-os e cria um ambiente de aprendizagem positivo. A interação humana é insubstituível, e o docente desempenha um papel de mediador, promovendo a reflexão crítica e metacognitiva.

Compreendemos, assim, que a sinergia entre IA, metodologias ativas e a experiência do professor é o cerne de uma educação adaptada aos desafios do século XXI. O futuro da sala de aula envolve a combinação inteligente desses elementos, criando um ambiente em que os alunos se sintam desafiados, apoiados e inspirados a aprender.

1.2 Mediação, interação humana e IA

A IA oferece vantagens significativas, mas não pode substituir a interação humana. Enquanto a IA pode processar dados, fornecer respostas rápidas e personalizadas, e até mesmo prever comportamentos, a conexão pessoal entre professor e aluno transcende o algoritmo. O professor é mais do que um transmissor de informações; ele cria um ambiente acolhedor e estimulante para os alunos. Essa relação interpessoal é essencial para o desenvolvimento integral dos estudantes, pois vai além do conteúdo curricular, abrangendo valores, habilidades sociais e emocionais.

A mediação na aprendizagem é uma forma especializada de interação entre o professor (ou outro mediador) e o aluno. Nesse papel, o mediador atua como um guia, facilitando o processo de aprendizagem. No entanto, sua função vai além da mera transmissão de informações, ele também promove a reflexão, a autonomia e a construção ativa do conhecimento pelo aluno.

Além disso, a interação social e o desenvolvimento desempenham um papel crucial na teoria socioconstrutivista de Lev Vygotsky. Segundo essa perspectiva, o desenvolvimento humano ocorre por meio das relações sociais e da interação com o meio. Essa interação entre professor e aluno é essencial para o crescimento cognitivo, emocional e social do estudante. Portanto, falar sobre mediação humana e interação na educação é reconhecer a importância desses elementos na formação integral dos estudantes e na construção de um ambiente educacional enriquecedor.

Também queremos chamar a atenção para peculiaridades entre IA e inteligência humana. Nesse sentido, a diferença fundamental entre elas reside na origem e na capacidade de compreensão emocional e criatividade. A IA é criada por humanos, por meio de algoritmos e softwares, enquanto a inteligência humana é inerente aos seres humanos, resultado da evolução biológica e interação com o ambiente ao longo do tempo.

Quanto à compreensão e empatia, a IA processa dados e identifica padrões, mas tem dificuldade em entender o significado subjacente das informações. Por outro lado, a inteligência humana interpreta, avalia e relaciona informações de forma mais profunda, com capacidade de empatia, compreensão emocional e tomada de decisões éticas.

No aspecto da criatividade, a IA foca em tarefas práticas e lógicas, mas tem limitações em criatividade e pensamento abstrato. Em contraste, a inteligência humana realiza atividades criativas, como escrever poesia, criar arte e pensar fora da caixa. Assim, enquanto a IA é projetada e programada por humanos, a inteligência humana é inerente e envolve aspectos complexos como empatia e criatividade.

A mediação do professor nos trabalhos dos alunos com IA é essencial para equilibrar os benefícios e desafios dessa tecnologia na educação. Existem várias razões para isso: primeiramente, a IA pode corrigir automaticamente exames e analisar trabalhos escritos, o que poupa tempo dos professores. No entanto, o professor ainda é necessário para interpretar os resultados, fornecer feedback personalizado e orientar os alunos. Além disso, a IA automatiza tarefas rotineiras, permitindo que os professores dediquem mais tempo a relações significativas com os alunos. Os professores oferecem apoio emocional e auxiliam na interpretação dos resultados da IA. Por fim, os professores desempenham um papel crucial na garantia de que a IA seja usada de forma ética e segura para os alunos. Eles mediam a implementação da IA equilibrando eficiência com cuidado individual.

Com tudo isso, tais aplicações e mudanças pedagógicas trazidas pela IA devem ser vistas como suporte pedagógico para os professores, em vez de uma ameaça à sua profissão. Ao automatizar tarefas rotineiras e fornecer suporte na organização e gerenciamento de dados, a IA permite que os professores dediquem mais tempo ao desenvolvimento de relacionamentos com os alunos, à criação de conexões significativas e à oferta de apoio emocional e acadêmico.

Utilizamos, para a confecção desta obra, metodologia qualitativa e revisão bibliográfica. A metodologia qualitativa é essencial para explorar as complexidades do impacto da IA na educação. Ela permite uma compreensão profunda das experiências e percepções dos educadores, que podem sentir que sua autonomia está sendo desafiada pela IA. Ao mesmo tempo, essa abordagem facilita a análise das nuances das opiniões dos especialistas que veem a IA como um meio de expandir as possibilidades pedagógicas.

A revisão bibliográfica, por sua vez, é fundamental para mapear o estado da arte e identificar lacunas no conhecimento existente sobre IA na educação. Ao revisar documentos como o Consenso de Pequim e teorias de acadêmicos influentes, é possível construir um quadro teórico robusto que sustenta o estudo. Essa revisão também ajuda a situar a pesquisa dentro do contexto mais amplo dos objetivos educacionais globais, como os delineados na Agenda 2030 para a Educação.

Além disso, a revisão bibliográfica é crucial para garantir que o artigo esteja fundamentado em evidências confiáveis e atualizadas. Ela permite a integração de diversas perspectivas e o entendimento das tendências atuais, como o uso de Inteligências Artificiais Generativas (IAGs) na educação. Isso não apenas enriquece a análise, mas também assegura que o artigo contribua significativamente para o debate acadêmico e prático sobre a implementação ética e eficaz da IA no campo educacional.

2

IA E PERSONALIZAÇÃO DA APRENDIZAGEM

"A diversidade garante que crianças possam sonhar,
sem colocar fronteiras ou barreiras para o futuro e os
sonhos delas."
Malala Yousafzai

O uso da IA na educação tem alimentado grandes polêmicas e reflexões. Se, por um lado, professores e educadores ressentem-se de perder cada vez mais sua capacidade e autonomia para criar e desenvolver suas ideias e projetos pedagógicos de sua autoria e controle, por outro, especialistas sobre o tema afirmam que a IA vai colaborar muito mais para alargar as perspectivas de trabalho e ação pedagógicas na educação como um todo.

Nesse sentido, este capítulo discute o uso da IA na educação, destacando tanto as controvérsias quanto as possibilidades que essa tecnologia oferece. Mencionamos a preocupação dos educadores em perder autonomia, mas também ressalta como a IA pode expandir as perspectivas pedagógicas e, nos referimos ao Consenso de Pequim da Organização das Nações Unidas para a Educação, a Ciência e a Cultura (Unesco), busca orientar o uso da IA na educação alinhado aos objetivos da Agenda 2030, enfatizando a aprendizagem personalizada e a preparação para a era digital. Dedicamos um momento de reflexão para o conceito de IA como uma habilidade performática focada em ações éticas e a importância da aprendizagem nesse contexto.

Além disso, discutimos como a IA está remodelando a educação, revitalizando métodos de ensino, transformando práticas de avaliação e pesquisa acadêmica, e como a integração da IA com outras tecnologias digitais pode enriquecer a experiência educacional. Por fim, o texto aborda o conceito de Inteligências Artificiais Generativas (IAGs) como artistas digitais inteligentes que criam conteúdos e a necessidade de orientação adequada para seu uso eficaz e ético.

No ano de 2019, a Unesco promulgou um documento de significativa importância, denominado Consenso de Pequim sobre Inteligência Artificial e Educação. Esse documento representa um esforço pioneiro para estabelecer diretrizes e recomendações estratégicas que visam otimizar a utilização das tecnologias de IA no âmbito educacional, alinhando-as com os objetivos delineados na Agenda 2030 para a Educação. O Consenso de Pequim articula a necessidade premente de desenvolver políticas educacionais inovadoras que incorporem a IA, com o intuito de elaborar modelos pedagógicos avançados que favoreçam uma aprendizagem personalizada e adaptada às necessidades individuais dos alunos.

Estivemos pesquisando sobre o conceito e a aplicação da IA na educação, e encontramos muitas funcionalidades interessantes que podem multiplicar conhecimentos e oportunizar trocas e experiências de aprendizagem muito enriquecedoras. Para início de nossas considerações, vamos definir alguns construtos teóricos sobre o tema que nos ajudarão a balizar nossas percepções para as aplicações práticas.

Santaella (2023) conceitua a IA como uma habilidade performática, focada na ação para alcançar metas, desde que essas ações sejam éticas. A autora argumenta que a inteligência, seja humana ou artificial, deve ser vista sob a perspectiva de como se age para atingir objetivos, enfatizando a importância da aprendizagem como elemento central da inteligência.

A autora diz que a IA é como se fosse uma habilidade de fazer coisas bem-feitas, visando alcançar metas, mas sempre de maneira ética. Ela compara a IA com a aprendizagem profunda (AP), que é um tipo de IA que aprende sozinha a partir de muitos dados. Santaella (2023) ainda analisa que a AP não é só sobre a máquina aprender, mas também sobre como nós, humanos, usamos essa aprendizagem para fazer coisas boas e certas. Então, ela sugere que se pense na IA e na AP não só como tecnologia, mas também como uma forma de ensinar e aprender que pode ajudar as pessoas a serem melhores e mais éticas. Em resumo, é como se a IA fosse um estudante muito avançado que não só aprende rápido, mas também pode nos ensinar a sermos melhores.

Para Oliveira e Pinto (2023), as ferramentas de IA estão remodelando a educação. Eles destacam que a IA pode revitalizar métodos de ensino, alterar práticas de avaliação e transformar a pesquisa acadêmica. A integração da IA com outras tecnologias digitais é vista como essencial para enriquecer a experiência educacional, e sua aplicação em diferentes áreas do conhecimento é considerada um avanço significativo. Os autores enfatizam ainda a necessidade de um debate sobre as implicações pedagógicas da IA e como a educação deve se adaptar a essa nova realidade, pois, para eles, é fundamental entender as oportunidades e os desafios apresentados pela IA para melhorar o processo de ensino-aprendizagem.

Os autores destacam ainda que a IA pode servir como uma força transformadora capaz de renovar práticas pedagógicas, permitindo uma educação mais personalizada e eficaz, além de impactar também a maneira como os alunos são avaliados, oferecendo métodos mais adaptativos e justos que podem refletir melhor o progresso individual. Outro aspecto, que eles observam, é que a IA está redefinindo a pesquisa acadêmica, possibilitando novas formas de descoberta e análise de dados. Enfim, os autores apontam que a integração da IA com outras ferramentas digitais é fundamental para criar um ambiente educacional mais rico e interativo, inclusive com a aplicação da IA em diferentes áreas do conhecimento e setores da sociedade podemos alcançar avanços significativos, preparando os alunos para os desafios do futuro em um mundo cada vez mais tecnológico.

Temos utilizado com muita frequência, na atualidade, as chamadas IAGs. Mas qual é o conceito dessa tecnologia? Para Alves (2023), o conceito de IAGs pode ser pensado como artistas digitais inteligentes, já que, para eles, elas usam algoritmos, que são como receitas complexas, para criar coisas, como textos, imagens ou músicas, baseadas no que as pessoas pedem. Os autores afirmam que as IAGs estão entrando nas escolas e universidades e precisamos entender bem essas tecnologias para usar de forma boa e justa, sem causar problemas como fake news ou discriminação. Finalmente, sugerem que elas se apresentam como um novo tipo de colega de classe que é muito inteligente, mas que também precisa ser guiado para fazer a coisa certa.

Conforme a plataforma Pearson Higher Education (2022), a IA está transformando a educação com soluções inovadoras que personalizam e melhoram a experiência de aprendizado. Essa plataforma apresenta aplicações que podem ser desenvolvidas com a IA na educação. Uma das aplicações é o uso de assistentes virtuais que respondem às dúvidas dos alunos em tempo real, sem a necessidade de um humano. Outra aplicação é a criação de avaliações personalizadas por IA, que adaptam as provas às necessidades de cada estudante, tornando o processo de avaliação mais eficaz. Além disso, segundo a plataforma, a IA permite um acompanhamento detalhado do desempenho acadêmico, oferecendo feedback personalizado que ajuda os alunos a progredir de forma mais consistente.

Outro ponto que a Pearson Higher Education (2022) aponta é que a educação personalizada também se beneficia do crowdsourcing, ferramenta na qual a IA analisa grandes volumes de dados para criar materiais didáticos sob medida. Isso significa que cada aluno pode aprender no seu próprio ritmo, com conteúdo que atende às suas necessidades específicas. Eles avançam explicando que a IA ainda auxilia professores na elaboração de materiais de ensino, garantindo que cada lição seja relevante e engajadora.

A IAG, exemplificada pelo ChatGPT e seus modelos de linguagem avançados como o GPT-3, representa um avanço significativo na interação entre humanos e máquinas. Esses modelos são capazes de compreender e gerar texto humano de maneira sofisticada, analisando dados da internet para produzir respostas contextualizadas. Essa capacidade de interação em linguagem natural é um marco na evolução da IA, permitindo uma comunicação mais fluida e intuitiva entre usuários e sistemas computacionais.

No campo educacional, a IA tem o potencial de transformar o processo de ensino-aprendizagem, tornando-o mais interativo e personalizado. Ferramentas como o ChatGPT podem ser integradas para contribuir com uma aprendizagem adaptada às necessidades individuais dos alunos, ao mesmo tempo que levantam questões éticas importantes, como plágio e desenvolvimento crítico e criativo. A Teoria Crítica da Tecnologia oferece uma perspectiva valiosa para analisar esses desafios, promovendo uma reflexão sobre o papel da tecnologia na educação e como ela pode ser utilizada para melhorar as práticas pedagógicas.

Por fim, o texto aborda as aplicações práticas e éticas da IA, destacando ferramentas como o Synthesia na criação de conteúdo digital e o ChatGPT como recurso didático. A evolução das versões do ChatGPT ilustra o crescimento contínuo das capacidades da IA, sublinhando a necessidade de uma orientação ética na sua utilização. Além disso, enfatiza-se a importância da adaptação às inovações tecnológicas e metodológicas na educação, visando desenvolver aprendizagens significativas e personalizadas que respondam aos desafios da revolução tecnocientífica contemporânea.

2.1 IAG na aprendizagem: ChatGPT e Synthesia

Em Ramos (2023), encontramos que a IAG[1], como o ChatGPT, utiliza modelos de linguagem avançados chamados Large Language Models (LLM), que são capazes de compreender e gerar texto humano. O autor mostra que o ChatGPT, em particular, usa o modelo Generative Pretrained Transformer (GPT) da terceira geração, treinado em redes neurais artificiais para produzir textos

---

[1] IAG, ou Inteligência Artificial Generativa, refere-se à IA projetada para criar conteúdos novos e originais, como textos, imagens e músicas. Esses modelos, como GANs e transformadores (ex.: GPT), são treinados em grandes volumes de dados para simular criação humana. Na educação, IAGs podem personalizar o aprendizado, adaptando conteúdos e criando materiais específicos para cada estudante. Contudo, seu uso exige atenção ética quanto a questões de viés, privacidade e controle do conteúdo gerado.

relevantes e contextuais. Ele opera analisando dados disponíveis na internet, recebendo perguntas dos usuários e gerando respostas baseadas no modelo GPT. Essa tecnologia representa um avanço significativo na capacidade das máquinas de interagir em linguagem natural.

Kaufman e Santaella (2023) examinam as razões que levam ferramentas como o ChatGPT a serem integradas ao processo educacional, contribuindo para uma aprendizagem mais interativa e personalizada, ao mesmo tempo que levantam questões importantes sobre ética, plágio e o desenvolvimento crítico e criativo dos alunos. Os autores utilizam a Teoria Crítica da Tecnologia de Andrew Feenberg (2004) para analisar como a IA pode ser potencializada para enfrentar desafios que exigem mudanças significativas no ensino superior. Eles discutem questões como plágio e a necessidade de desenvolvimento crítico e criativo na textualidade contemporânea, apontando para duas vertentes: uma que vê a IAG como um evento a ser inibido nas instituições de ensino devido à falta de regulamentações éticas, e outra que defende a potencialização do uso desses produtos com finalidade crítica, na perspectiva de inteligência aumentada.

Para a Teoria Crítica da Tecnologia de Andrew Feenberg (2004), a tecnologia não é neutra e as decisões sobre como a tecnologia é feita e usada têm impactos sociais importantes. Segundo essa teoria, a tecnologia pode ser usada para diferentes propósitos e pode refletir valores e interesses de grupos específicos na sociedade, por isso, sugere que devemos olhar para a tecnologia criticamente, o que significa pensar sobre quem se beneficia ou é prejudicado por ela e como ela pode mudar a sociedade.

Segundo o COC (2024), o ChatGPT é um chatbot de IA que responde a perguntas usando um modelo de linguagem treinado em conteúdo da internet. Ele se destaca por sua capacidade de gerar textos naturais e adaptar-se a diferentes contextos, superando chatbots tradicionais, que se limitam a roteiros predefinidos. Além disso, o ChatGPT é notável por estar disponível gratuitamente no Brasil, com a OpenAI oferecendo um plano pago para acesso antecipado a novos recursos e mais rapidez nas respostas. As vantagens do ChatGPT na educação incluem sua disponibilidade de 24 horas por dia, permitindo que os estudantes tirem dúvidas fora do horário escolar, e a promoção de uma experiência de aprendizado interativa e personalizada. Ele incentiva os alunos a serem ativos no processo educacional, melhorando a retenção de informações e estimulando a curiosidade e o pensamento crítico. Além disso, o ChatGPT pode adaptar respostas às necessidades individuais dos alunos, contribuindo para um ensino mais direcionado e eficaz.

Ainda para o COC (2024), o ChatGPT pode ser uma ferramenta valiosa na sala de aula, oferecendo uma variedade de atividades educacionais. Por exemplo, professores podem promover debates entre o ChatGPT e os estudantes, enriquecendo as discussões em sala. O uso do ChatGPT para fornecer exercícios resolvidos, especialmente de vestibular, pode ajudar os alunos a se prepararem melhor para exames. Além disso, é possível criar perguntas para testar os conhecimentos dos estudantes e praticar idiomas, aproveitando a capacidade do ChatGPT de gerar diálogos em diferentes línguas.

Segundo COC (2024), ainda que outras aplicações incluem usar o ChatGPT como base para pesquisas complexas, ajudando os alunos a desenvolver habilidades de pesquisa e análise crítica, os professores também podem avaliar as respostas do ChatGPT com os estudantes, o que pode ser uma atividade de aprendizado colaborativo. Além disso, podem solicitar ao ChatGPT sugestões de exercícios para serem realizados em sala para auxiliar na diversificação do material didático. Por fim, podem criar exemplos de respostas esperadas que sirvam como modelo para os estudantes, orientando-os sobre o que é esperado em suas respostas.

A título de curiosidade, fomos pesquisar as versões dessa ferramenta e encontramos os seguintes achados:

Quadro 1 – Quadro de versões do ChatGPT por ano de lançamento e características

Versão	Ano de Lançamento	Características e/ou funções
GPT	2018	Primeiros passos na geração de texto contextual.
GPT-2	2019	Melhoria na fluência e coerência do texto gerado.
GPT-3	Novembro de 2020	Capacidades linguísticas avançadas e criação de conteúdo.
GPT-3.5	Novembro de 2022	Modelo público para programação e discussões diversas.
GPT-4	2023	Avanços em precisão, simulação da linguagem e IA forte.

Fonte: adaptado de Olite, Suarez e Ledo (2023)

Assim, podemos observar a significativa evolução no processo de oferta de novas aplicações para o uso com criatividade e protagonismo da ferramenta.

Abordaremos agora outra ferramenta de IA que está sendo muito buscada, o Synthesia, que é uma ferramenta inovadora de IA que cria vídeos com avatares digitais, eliminando a necessidade de filmagem tradicional e atores. Ela torna a produção de vídeos mais acessível e rápida, democratizando a criação de conteúdo audiovisual. A ferramenta simplifica e reduz custos do processo de criação de vídeos, e com avatares que falam vários idiomas, transforma a produção e o consumo de conteúdo digital, expandindo as fronteiras da comunicação digital.

Com essa possibilidade de trabalhar vídeos e avatares criativos, entendemos que o Synthesia se mostra como uma plataforma de IA que revoluciona a produção de conteúdo digital, oferecendo personalização por meio da escolha de avatares, vozes e idiomas, adaptando-se ao público-alvo. Além disso, ela também pode simplificar a produção de vídeos, economizando tempo e recursos ao eliminar a necessidade de gravações tradicionais, permitindo a criação e edição rápidas de vídeos. A acessibilidade também é ampliada com a capacidade de gerar conteúdo em múltiplos idiomas, facilitando o alcance global sem a necessidade de atores poliglotas ou legendas.

Tal como o ChatGPT, o Synthesia também abre um leque de possibilidades para o setor empresarial, facilitando a criação de vídeos para treinamentos, apresentações e marketing digital, promovendo uma comunicação eficiente com clientes e colaboradores. No entretenimento, a ferramenta permite inovar com avatares digitais que narram histórias ou apresentam programas, expandindo as fronteiras da arte digital. No marketing digital, o Synthesia é particularmente útil para criar vídeos promocionais personalizados e conteúdo para landing pages, o que pode aumentar o engajamento e as taxas de conversão. A capacidade de gerar conteúdo em massa, personalizado para diferentes públicos, oferece às marcas uma vantagem competitiva no mercado. Mas como fica a aplicabilidade dessa ferramenta para as salas de aula?

Em nossas pesquisas, conforme a HeroSpark (2024), encontramos que o uso do Synthesia na educação pode ser uma contribuição diferencial. Ele permite a criação de materiais didáticos como vídeos de treinamento e tutoriais que são visualmente envolventes e podem ser personalizados para atender às necessidades específicas dos alunos. Por exemplo, professores podem criar vídeos em diferentes idiomas ou com avatares que refletem a diversidade da sala de aula, tornando o aprendizado mais inclusivo.

Além disso, o Synthesia pode ser usado para simular experiências práticas ou demonstrações que seriam difíceis de realizar na sala de aula, como experimentos científicos complexos ou visualizações históricas. Isso não apenas economiza recursos, mas também pode tornar o conteúdo mais acessível para estudantes que aprendem melhor visualmente.

Em linhas gerais, podemos dizer que o Synthesia tem o potencial de enriquecer a experiência educacional, oferecendo recursos que podem transformar a maneira como o conteúdo é entregue e consumido, aumentando o engajamento dos alunos e facilitando a compreensão de conceitos complexos. É uma ferramenta que abre novas possibilidades para a educação adaptativa e personalizada.

2.2 Personalização da aprendizagem com IA

Desde o início dos anos 2000, a Organização para a Cooperação e Desenvolvimento Econômico (OCDE) tem publicado estudos sobre as competências para o mundo futuro (OCDE, 2012), com tipos de cenários para o futuro da escola. Tais publicações abordam a necessidade de adaptação das escolas e professores às inovações tecnológicas e metodológicas na educação, destacando a importância de formular perguntas relevantes para entender e responder aos desafios impostos pela revolução tecnocientífica. Por essa razão, percebemos a real necessidade de compreender que o uso da IA nos processos de ensino e aprendizagem pode desenvolver aspectos fundamentais das aprendizagens significativas e personalizada.

Guimarães (2022) afirma que a educação no século XXI representa uma abordagem distinta daquela com a qual estávamos familiarizados no século passado. Autores têm destacado essas mudanças significativas. Nossa perspectiva é que a educação atual visa à construção contínua, seja de novos conhecimentos, metodologias ou projetos.

Parreira, Lehman e Oliveira (2021) categorizam as inovações em educação em três tipos: dois relacionados à tecnologia (instrumentos de intervenção) e um à tecnometodologia (processos de atuação). Consideram que é preciso entender como essas inovações podem ser integradas ao processo educativo de maneira eficaz, mantendo a humanidade no ensino e garantindo que a formação docente esteja alinhada com as bases ontológicas e éticas necessárias para enfrentar os desafios da modernidade em constante mudança. Para eles, a reflexão sobre essas inovações é considerada essencial para preparar os educadores para fazer escolhas informadas e inteligentes diante da vasta quantidade de informações disponibilizadas pelos meios de comunicação.

Sobre a relação IA e personalização da aprendizagem, Guimarães *et al.* (2024) discutem a importância da IA na personalização da aprendizagem no campo educacional. Os autores destacam como a IA pode coletar e analisar dados em larga escala para entender as necessidades e preferências individuais dos alunos. Isso permite a adaptação do conteúdo e das estratégias de ensino de forma personalizada, tornando a educação mais eficaz e adaptável para cada estudante. Segundo eles, a IA é vista como uma ferramenta eficaz para desenvolver estratégias de ensino mais eficientes, proporcionando feedback em tempo real e identificando áreas que necessitam de melhoria. Seguem mencionando que a IA tem um papel crucial na entrega de experiências de aprendizagem personalizadas, o que pode transformar significativamente como a educação é entregue.

Também Durso (2024) diz que a IA está revolucionando a educação ao possibilitar a personalização do aprendizado, já que ela apresenta a capacidade de analisar dados em tempo real, para ele, a IA adapta o conteúdo educacional às necessidades individuais de cada aluno, considerando seu ritmo de aprendizagem, preferências e histórico acadêmico. Em seu olhar, isso resulta em um ensino mais eficaz, em que os alunos podem avançar conforme sua capacidade e os professores recebem suporte para otimizar suas metodologias de ensino. Seguindo o seu raciocínio, ele continua enfatizando que a IA fornece feedback personalizado, permitindo que os alunos compreendam melhor suas áreas de força e as que necessitam de mais atenção, e para os educadores, a IA serve como uma ferramenta de apoio à decisão, oferecendo percepções valiosos sobre a eficácia de diferentes abordagens pedagógicas.

Um texto que nos mostra a possibilidade de personalizar a aprendizagem para maior engajamento e eficácia dos alunos na construção de sua evolução e aquisição de conhecimentos é o artigo de Beaucardet e Pedraza (2017), que apresenta a escola 42, uma instituição educacional inovadora localizada em Paris, que desafia os métodos tradicionais de ensino. Fundada por Xavier Niel e Nicolas Sadirac, a escola é gratuita e não exige títulos acadêmicos dos alunos, proporcionando uma oportunidade de aprendizado em programação para todos, independentemente de sua formação prévia. A escola se destaca por seu modelo pedagógico que incorpora a gamificação como essência do processo de aprendizagem, e é sustentada por uma fundação privada sem fins lucrativos.

Ainda no texto dos autores, a 42 atrai cerca de 50 mil inscrições anualmente e é conhecida por seu ambiente vanguardista, que inclui uma vasta coleção de arte urbana e um espírito jovem e rebelde. O método de ensino é baseado em desafios de programação que os alunos devem cumprir, substituindo aulas tradicionais e professores. Esses desafios, que são um total de 21 módulos, aumentam em dificuldade à medida que o aluno progride, e o curso é geralmente completado ao longo de três anos.

Com isso, vemos que é possível que cada educador, cada escola, deva procurar explorar e entender como pode utilizar a IA para fazer com que os alunos aprendam em suas individualidades e competências próprias, além de incentivar a criatividade, autonomia dos alunos, e se apropriar das ferramentais tecnológicas a fim de direcionarem as demandas de formação curricular para seus alunos.

2.3 Considerações parciais

A personalização da aprendizagem por meio da IA representa uma revolução no campo educacional, promovendo um ensino adaptado às necessidades individuais de cada aluno. A IA permite a análise de dados em grande escala para identificar padrões e preferências de aprendizado, possibilitando a customização do conteúdo didático e das metodologias de ensino. Isso resulta em uma experiência educacional mais eficiente e engajadora, em que os alunos podem progredir no seu próprio ritmo e de acordo com seu estilo de aprendizagem.

Além disso, a IA oferece feedback personalizado e em tempo real, essencial para o desenvolvimento de competências e para a identificação de áreas que necessitam de maior atenção. Os professores, por sua vez, são beneficiados com percepções valiosas sobre a eficácia de diferentes abordagens pedagógicas, permitindo-lhes otimizar suas estratégias de ensino. A IA, portanto, não só enriquece a experiência de aprendizagem, mas também apoia os educadores na tomada de decisões mais informadas e efetivas.

Contudo, a implementação da IA na educação traz desafios, especialmente no que diz respeito à privacidade dos dados e à equidade no acesso às tecnologias educacionais. É fundamental que a integração da IA seja conduzida de maneira ética e responsável, garantindo que todos os alunos se beneficiem da personalização da aprendizagem. A reflexão contínua sobre as implicações éticas e as competências necessárias para o futuro é crucial para preparar tanto alunos quanto professores para um mundo em constante transformação tecnológica.

3

O NOVO PAPEL DO PROFESSOR NA ERA DA IA: PROFESSOR PROVOCADOR

"Ensinar é um exercício de imortalidade. De alguma forma continuamos a viver naqueles cujos olhos aprenderam a ver o mundo pela magia da nossa palavra. O professor, assim, não morre jamais."
Rubem Alves

Na era atual, o papel do professor está passando por transformações significativas com o advento da **IA**. O professor não é mais apenas um transmissor de conhecimento, mas também não será somente um facilitador, mentor, guia e colaborador. A IA permite a personalização do ensino, adaptando-se às necessidades individuais dos alunos. Ferramentas automatizadas fornecem feedback instantâneo e eficiente, liberando o professor para interações mais significativas.

Além disso, a IA ajuda a encontrar materiais relevantes e atualizados, enriquecendo o conteúdo das aulas. O professor que atua como mediador entre os alunos e as ferramentas tecnológicas, ensinando-os a fazer uso de forma responsável, passa a também rever sua postura e fortalecer sua atuação em tempos de IA. O professor do século XXI aproveita o potencial da IA para enriquecer a experiência dos alunos, promovendo aprendizado autônomo e crítico. Ele se vê como um professor provocador.

Segundo Hagemeyer (2004), o papel do professor enfrenta desafios complexos. Com a evolução científica e tecnológica, a escola se tornou um receptáculo político para os problemas insolúveis da sociedade. Os professores, sob pressão de revisões curriculares e contextos de recessão financeira, buscam reconstruir culturas e identidades nacionais. Essa transformação exige uma atuação mais focada e adaptável, enquanto os educadores enfrentam sensações de culpabilidade e intensificação do trabalho. O autor questiona as tensões e conflitos enfrentados pelos professores diante das mudanças sociais e novas propostas pedagógicas, bem como os processos diários de desenvolvimento do trabalho pedagógico e as exigências para sua formação.

Oliveira (2021) nos apresenta que a discussão sobre o papel do professor e o envolvimento da escola na formação do aluno no processo de ensino-aprendizagem tem sido objeto de estudo por pesquisadores. Encontramos no texto dela o que também defendemos aqui, que é fundamental reconhecer a relevância do professor na prática educativa, focando na produção do conhecimento do aluno. Nesse contexto, como nos mostra a autora, não se trata apenas de quem ensina ou quem aprende, mas sim de quem aprende a aprender.

A autora segue destacando o papel do professor como mediador e gerenciador do conhecimento, enfatizando a importância de contextualizar os conteúdos ministrados em sala de aula com base na experiência de vida dos alunos e seu conhecimento prévio. Além disso, o texto ressalta que a escola não detém o saber, mas intervém no processo pedagógico para ampliar o conhecimento por meio do diálogo e das transformações sociais, políticas e culturais do mundo.

Para Barros (2021), a pandemia trouxe desafios significativos para a educação em todos os níveis, desde a educação básica até o ensino superior. A transição para o ensino remoto e as desigualdades no acesso à tecnologia têm gerado incertezas na comunidade escolar. Em seu olhar, os educadores enfrentam a tarefa de ensinar em um contexto completamente diferente, enquanto a tecnologia e a IA reforçam o papel do professor na aprendizagem. Além disso, a sobrecarga de trabalho e a necessidade de aprimorar habilidades digitais são questões relevantes. Do outro lado da tela, os alunos também precisam desenvolver seu letramento digital para se adaptarem a essa nova realidade escolar.

Barros (2021) ainda reflete que, ao longo da pandemia, o cenário educacional enfrentou mudanças inesperadas devido ao isolamento social. Os professores tiveram que repensar suas práticas para cumprir o calendário letivo. A evolução tecnológica já havia introduzido recursos digitais na educação, criando uma linguagem híbrida entre o ensino presencial e virtual. As tecnologias de informação e comunicação foram usadas como mediadoras entre professores e alunos, adaptando o conteúdo para videoaulas e arquivos digitais. Diversas estratégias, como vídeos, blogs e chats online, permitem aprofundar o aprendizado. O professor pode explorar recursos visuais, interativos e colaborativos para enriquecer o ensino.

Ao longo da nomeada educação do século XXI, o professor tem recebido diferentes papéis para serem desempenhados nas salas de aula. No entanto, é preciso que se diga que um professor é a essência do fazer aprender no modelo educacional no qual conhecemos até hoje. E, com certeza, essa crença e realidade definem o ser professor e todos os benefícios e direitos que eles têm. Embora, em um sistema capitalista neoliberal, tentem fazer com que os papéis que o professor pode desenvolver se confundam com sua identidade e conceituação original, para precarizar sua remuneração e valorização social inerentes, é preciso entender e deixarmos claro que o professor é único.

Entendemos que ser professor é ser único, pois tem uma jornada de compromisso e impacto, indo além das paredes da sala de aula. O professor enfrenta desafios diários, como turmas numerosas, falta de recursos e pressão por resultados. A sala de aula não é um cenário idílico; é um ambiente dinâmico e muitas vezes caótico. Além disso, ser professor exige flexibilidade. As estratégias de ensino precisam se adaptar a diferentes perfis de alunos, mudanças curriculares e avanços tecnológicos. Além de ensinar, ele lida com reuniões, avaliações e cobranças. Metas institucionais, prazos e relatórios são parte do cotidiano. Nem todos os alunos são transformados. Alguns resistem, outros não se interessam.

O professor nem sempre vê os resultados imediatos de seu trabalho. Como as outras ocupações, ele ainda precisa equilibrar a vida pessoal com as demandas da profissão, o que se torna um desafio constante. Inclusive, sua dedicação excessiva pode levar ao esgotamento. No entanto, a essência de ser professor está na esperança que ele aposta no futuro. Ele ilumina caminhos, inspira e acredita no potencial de cada aluno. Essa missão vai além da sala de aula, moldando vidas e contribuindo para uma sociedade melhor.

Mas, claro, ele entende que precisa desenvolver papéis diferenciados em contextos de aprendizagem contemporâneos, ainda clama por valorização social, financeira e reconhecimento justos por conta dessa capacidade múltipla de se fazer e refazer para atender às demandas de uma sociedade que precisa cada vez mais de seu protagonismo para formar as gerações atuais e vindouras. Dessa forma, sendo professor, assume diferentes papéis em diferentes contextos educacionais. Vamos analisar outros papéis que o professor vem assumindo na educação mais contemporânea, para reforçarmos, em seguida, a ideia de sua importância e valorização na era da IA.

Guimarães (2022) menciona que, segundo Nóvoa (2018 apud Guimarães, 2022), os docentes devem transcender suas disciplinas e engajar-se em diálogo com diversos campos de conhecimento. A fragmentação do conhecimento é um ponto que requer uma transição para uma visão mais integrada e articulada dos saberes, abrangendo diferentes áreas. Quando apresentamos desafios aos alunos, incentivando a resolução de problemas — uma característica da educação contemporânea —, é fundamental que eles busquem soluções por meio do cruzamento e da integração de conhecimentos variados. Isso é o que efetivamente coloca a interdisciplinaridade em prática.

A preocupação com a identidade e concepção de como deve ser o papel do professor na atualidade nos faz resgatar o pensamento de clássicos que apontam a relação do papel do professor como intelectual. Dessa forma, encontramos em Giroux (1987) e Gramsci (1995) a ênfase no papel crucial dos professores como intelectuais na construção da educação e da cultura.

Em sua obra *Os professores como intelectuais: rumo a uma pedagogia crítica da aprendizagem,* Giroux (1987) destaca que os professores não devem ser meros transmissores de conhecimento. Eles devem ser agentes críticos, questionando as normas e desafiando as estruturas de poder. Para o autor, os professores têm a responsabilidade de liderar intelectualmente, promovendo a reflexão crítica e a transformação da educação. Ele incentiva os professores a se envolverem no debate público, redefinindo a crise educacional e demonstrando seu papel fundamental na reforma das escolas públicas.

Por sua vez, Gramsci (1995), em *Os intelectuais e a organização da cultura,* diferencia os intelectuais orgânicos (alinhados com os interesses da coletividade) dos intelectuais tradicionais (que servem às elites). Ele vê os professores como intelectuais orgânicos, propondo que os professores desempenhem um papel estratégico na implantação da hegemonia cultural. Segundo o seu raciocínio, eles moldam valores, atitudes e perspectivas dos alunos.

Em resumo, tanto Giroux (1987) quanto Gramsci (1995) reconhecem o professor como um agente ativo na formação da cultura e na transformação social, indo além do ensino de conteúdo para influenciar valores e ideias. Acreditamos que tais reflexões devem ser incorporadas ao novo papel que o professor vai desempenhar em contexto de IA.

3.1. Tipologia de papéis atribuídos ao professor da educação do século XXI

3.1.1. Professor facilitador/mediador

A Base Nacional Comum Curricular – BNCC – (Brasil, 2018) não menciona explicitamente o termo "professor facilitador", mas aborda o papel do professor como mediador e incentivador da aprendizagem. O conceito de facilitador está relacionado a uma atitude e um comportamento do docente que coloca o aluno no centro do processo educacional. Em vez de ser o foco central do ensino, o professor facilitador estimula a autonomia, liderança e autoconfiança dos estudantes, cuidando também das características socioemocionais do grupo. Portanto, o professor desempenha um papel crucial na implementação da BNCC, promovendo aprendizagens significativas e colaborando para que os alunos alcancem seus objetivos.

Tébar (2023) explora a pedagogia mediadora, que vai além dos limites da sala de aula. Essa abordagem enfatiza o papel do professor como mediador ativo no processo de ensino-aprendizagem. O professor mediador não apenas transmite conteúdo, mas também facilita, incentiva e motiva a aprendizagem. Ele colabora ativamente para que o aluno alcance seus objetivos, rompendo com um passado insatisfatório e lançando-se em um novo caminho de escolhas, não de imposições.

O professor facilitador ou mediador é aquele que não está mais à frente do processo de ensino-aprendizagem, ele vai atuar como um elo entre o que o aluno precisa e deve aprender e a própria iniciativa, o protagonismo, desse aluno para aprender. Nesse sentido, o aluno está no centro de como o conhecimento será apreendido. O professor com seu saber e estratégia possibilitará ao aluno a construção de seus conceitos e suas experiências.

3.2 Professor curador

Iniciamos definindo o que é a curadoria. A **curadoria** é o processo de encontrar, agrupar, organizar e compartilhar o conteúdo mais relevante e significativo sobre um tópico específico. É como selecionar as melhores peças de um quebra-cabeça para criar uma imagem completa e valiosa.

Em Souza (2014), aprendemos que, no contexto do papel do professor como mediador pedagógico, surgem preocupações sobre o novo perfil de atuação docente nos processos de ensino-aprendizagem, considerando as informações disponíveis fora dos muros escolares. É relevante ter cautela com a informação, especialmente porque nem tudo disponível na internet é verossímil. Muitas vezes, encontramos informações equivocadas, distorcidas e superficiais. Diante desse cenário, é importante refletir sobre como os professores podem auxiliar os alunos a lidarem com essa quantidade de informações, garantindo que a construção do conhecimento seja genuinamente significativa.

De acordo com estudos de Souza (2024) sobre o perfil do professor contemporâneo, atualmente estamos diante da realidade de o docente assumir o papel de curador. Segundo ele, o termo "curador" pode ter diferentes significados dependendo da área envolvida, é originado do latim *"curator"*, que significa tutor ou aquele que administra sob sua responsabilidade. O autor considera a curadoria como uma inovação na práxis do professor, embora alguns enunciados também a problematizem como uma prática já existente. Nesse sentido, a curadoria é discursivizada como um processo de seleção, organização e compartilhamento de recursos educacionais, visando enriquecer o processo de ensino-aprendizagem.

Além disso, esse estudo de Souza (2024) também destaca que a prática docente enfrenta desafios, como a desvalorização do trabalho do professor pelo Estado, que muitas vezes resulta em sobrecarga e falta de tempo para planejamento e reflexão, entendendo que a curadoria pode ser vista como uma estratégia para lidar com essa realidade, permitindo ao professor selecionar e adaptar materiais de qualidade para suas aulas.

Estendendo seu raciocínio, ele mostra que a curadoria emerge como uma ferramenta relevante para aprimorar a prática docente, proporcionando acesso a recursos diversificados e alinhados aos objetivos educacionais. Ela envolve habilidades de pesquisa, avaliação crítica e compartilhamento responsável, contribuindo para uma educação mais eficaz e significativa. Por isso, ele defende a ideia de que o professor pode atuar como um curador. Ele explora como a curadoria pode enriquecer a prática docente, permitindo que os professores selecionem e compartilhem recursos educacionais relevantes para suas disciplinas. A curadoria, nesse contexto, envolve habilidades de pesquisa, avaliação crítica e adaptação de materiais para atender às necessidades dos alunos.

3.3 Professor mentor/ orientador

Para Almeida *et al.* (2024), no ambiente de ensino online (e-learning), o professor assume um papel de mentor e orientador acadêmico. Ele está disponível para responder às dúvidas dos alunos, fornecer esclarecimentos adicionais e oferecer suporte individualizado. Mediante comunicações regulares, seja por meio de mensagens, e-mails, videoconferências ou fóruns de discussão, o professor cria um ambiente de apoio, motivando os alunos a alcançarem seu potencial máximo.

Além disso, os autores indicam que o professor estimula a colaboração e a interação entre os alunos, projetando atividades colaborativas, projetos em grupo e debates online. Ele também desempenha o papel de avaliador, fornecendo feedback construtivo sobre o desempenho dos alunos, utilizando diferentes métodos de avaliação e oferecendo orientações para o aprimoramento de suas habilidades.

Nesse sentido, sugere-se que o **professor mentor** seja um guia, um orientador, que combina conhecimento e experiência para apoiar os estudantes na definição de seus propósitos de vida, na escolha de caminhos formativos e na construção de trajetórias profissionais. Ele inspira e contribui para o desenvolvimento pessoal, acadêmico e profissional dos alunos, promovendo autonomia, criatividade e princípios éticos. Além disso, o professor mentor é um agente central no processo educacional, utilizando reflexão, atividade acadêmica e prática pedagógica para a formação integral dos estudantes.

A relação mentor-aluno é mais próxima e envolve uma conexão significativa.

Por sua vez, o professor orientador concentra-se principalmente em aspectos acadêmicos. Ele fornece informações específicas sobre o currículo, requisitos do curso e progresso acadêmico. A relação orientador-aluno é mais formal e baseada em tarefas específicas, como orientação de TCC, escolha de disciplinas e projetos de pesquisa. Nesse caso, não estaríamos nos referindo a orientador como guia, mas como alguém que está comprometido em auxiliar os alunos em suas atividades acadêmicas de maneira objetiva.

3.4 Professor da EAD: professor tutor

Para Cunha *et al.* (2023), a tutoria é uma prática educativa com raízes antigas, remontando à civilização grega. Na literatura, encontramos várias definições para o conceito de tutor e tutoria. O tutor atua como alguém que apoia, orienta, guia, aconselha ou direciona. Além disso, o papel do tutor vai além da proteção ou amparo, sendo um correlato do papel de professor e educador na área da educação. A função do tutor é promover e potencializar as capacidades do outro, focando no desenvolvimento pessoal e apoiando projetos de vida individuais. O conceito de tutoria não se limita à área da educação; ele é versátil e flexível, estendendo-se a diferentes contextos e servindo a múltiplos propósitos.

Várias são as reflexões e tentativas de definições das atribuições do professor tutor, tais como ser responsável por mediar, didática e pedagogicamente, as atividades de ensino e aprendizagem nos diversos ambientes virtuais. Ele deve estar sempre acessível, fornecendo feedback às mensagens e postagens dos alunos. Além disso, a harmonia entre o professor-tutor, a equipe de coordenação e os alunos é essencial para o sucesso do curso.

Guimarães (2019), ao falar sobre a função e os desdobramentos do papel do professor-tutor a distância, que deve esclarecer dúvidas dos alunos em até 48 horas, mostra que a intervenção do professor-tutor é fundamental para o acolhimento e mesmo a consolidação dos conteúdos da aprendizagem. A estrutura do ensino à distância talvez tenha segregado as tarefas do professor tradicional em produtor de conteúdo e no de tutor. O professor tradicional exerce essas duas funções quando prepara seu material, como apostilas e slides, e quando está em sala interagindo com seus alunos. Assim, a autora enfatiza a relevância do papel do professor-tutor na construção de conhecimento, abrangendo os aspectos tanto pedagógicos quanto os trabalhistas.

Ela afirma que o tutor desempenha um papel fundamental na interação com os alunos na aprendizagem em ambientes virtuais, que vai além da mera assistência técnica, envolvendo também a promoção da dialogia e a inclusão digital. Portanto, o tutor não é apenas um facilitador, mas um agente ativo na formação dos estudantes, um professor.

3.5 O novo papel do professor na era da IA: o professor provocador

A IA está transformando várias áreas produtivas, e a automação comandada por sistemas de IA afetará diversos setores. Além das áreas tradicionais, como produção industrial e turismo, a educação também será impactada. No entanto, a influência da IA não se limita ao trabalho. Sistemas de tratamento de notícias, como o Jam, permitem diálogo com os usuários, fornecendo informações relevantes. Além disso, a utilização desses sistemas nas redes sociais pode afetar até mesmo resultados eleitorais. Diante dessas mudanças, a preparação para uma transformação profunda na atitude pedagógica e no comportamento docente é urgente. Esses avanços tecnológicos se combinam com inovações educacionais, destacando a importância de repensar os processos de ensino e aprendizagem.

Esse chamado para uma mudança de atitude pedagógica por parte dos docentes diante do cenário da IA passa por um profundo impacto e reflete um assombro por parte da categoria docente, que recebe a informação como um alerta de redução de oportunidades de trabalho, como foi em tempos de EAD, e mesmo extinção de sua função.

Parreira, Lehmann e Oliveira (2021) realizaram pesquisa sobre a percepção do impacto das novas tecnologias sobre a profissão docente e obtiveram resultados ilustrativos sobre esse tema, sobretudo no que se refere ao avanço da IA. Dessa forma, eles indicam que professores mais velhos demonstram mais preocupação com a profissão, especialmente considerando sua proximidade com a aposentadoria. Além disso, mestres e doutores têm melhor percepção de mudanças nos modos de vida, possivelmente devido ao hábito de leitura de notícias relacionadas ao tema. Os graduados, por sua vez, são mais sensíveis ao impacto dos sistemas, especialmente no ensino remoto, provavelmente devido às mudanças enfrentadas durante a pandemia.

Por fim, a análise dos autores resulta que docentes de humanidades apresentam médias mais altas em variáveis como alteração dos modos de vida, organização urbana, estudo autônomo e ensino a distância, o que pode ser atribuído à vivência sociocultural nessa área. O estudo apresentado não busca generalizações, mas destaca atitudes de professores que estão atentos aos desafios futuros. Os resultados dos autores sugerem que investir no desenvolvimento de competências transversais é fundamental. Isso permitirá que os professores escolham papéis adequados ao futuro, como colegas experientes que ajudam os jovens a amadurecer, atores críticos em decisões complexas e consultores capazes de integrar sistemas de IA em benefício da humanidade.

Diante dessas reflexões iniciais, os professores vão seguindo preocupados diante de tantos papéis que lhes são solicitados a desempenhar em contextos socio-históricos e de grandes mudanças tecnológicas. Por isso, vemos aqui essa oportunidade de reforçar o valor de um professor que consegue ser múltiplos sem perder sua essência, embora muitas vezes o neoliberalismo de grandes grupos de ensino e da educação forcem uma tendência a colocar a educação como uma mercadoria barata e insistir em extrair do professor as condições dignas de trabalho e sua melhor qualidade de remuneração, desvalorizando seu lugar social e tentando confundir a identidade do professor com seu papel que desempenha em contextos múltiplos, a fim de descaracterizar seus direitos trabalhistas conquistados.

Porém, nos interessa aqui fazer um contraponto com essa incerteza que assombra os professores sobre a possibilidade de extinção de seu ofício. Observamos que o professor pode e deve aproveitar esse momento, em que a IA se mostra como um suporte na dinâmica de novas formas de ensinar e aprender, para investir em sua relevância como um transformador, crítico e provocador de pensamentos, questões e novos desafios diante dos resultados que a IA, aprendizagem de máquina traz, muitas vezes com prontidão e agilidade aos que recorrem às diferentes ferramentas tais como o ChatGPT, por exemplo. Observamos que o professor pode e deve aproveitar esse momento, em que a IA se apresenta como um suporte na dinâmica de novas formas de ensinar e aprender, para reforçar sua relevância como transformador, crítico e provocador de pensamentos. Diante dos resultados que a IA e o aprendizado de máquina trazem, muitas vezes com prontidão e agilidade, o professor deve enfrentar novas questões e desafios, utilizando ferramentas como o ChatGPT, por exemplo.

Defendemos um novo papel para o professor, que é de provocar as novas reflexões, as novas indagações com o aluno, a partir do uso da ferramenta de IA, para buscar soluções em relação aos desafios pedagógicos solicitados na aprendizagem da aula. Sendo assim, o professor provocador reúne todas as atribuições mencionadas em outros papéis que tem desempenhado e retoma sua clássica e valorosa identidade como nos colocaram Giroux e Gramsci, em linhas anteriormente demonstradas, de forma clara e assertiva: o professor é agente crítico, criativo e inquieto, transformador de conhecimento e formador de opiniões.

Entendemos, então, que o conceito de "professor provocador" se refere a um educador que adota uma abordagem não convencional para ensinar e desafiar seus alunos, aquele que em vez de seguir estritamente o currículo tradicional, incentiva a curiosidade, a reflexão crítica e a discussão ativa em sala de aula. Nessa era da aprendizagem com IA, os professores terão que se voltar para fazerem muitas perguntas instigantes no diálogo com as descobertas trazidas pelas diferentes ferramentas de IA, valorizar a criatividade, promover desconforto construtivo e dar aos alunos mais autonomia sobre seu próprio aprendizado. Em resumo, o professor provocador cria um ambiente de aprendizado dinâmico e estimulante. Não se trata, com isso, de dizer que o professor abandona seus outros papéis e se coloca agora nesse novo de professor provocador, pois é lógico que ele vai alternar entre outras funções, como mediador, facilitador, tutor e mentor, criando um ambiente de aprendizado dinâmico e estimulante para os alunos. Esse novo paradigma educacional busca despertar a transformação nos estudantes, incentivando-os a serem protagonistas de sua própria aprendizagem. O professor provocador não apenas transmite conhecimento, mas também inspira a busca por diferentes perspectivas, a autonomia e a inovação. Assim, ele se torna um facilitador do desenvolvimento integral dos alunos, preparando-os para os desafios do mundo contemporâneo. O professor reforça sua identidade de classe, um formador de indivíduos para a transformação social. Nesse sentido, é preciso incentivar, promover e apoiar a formação continuada, com os olhos de novas práticas e pensamentos.

Figura 1 – Professor provocador

Fonte: autora (2024)

3.6 Considerações parciais

A **educação do futuro** será profundamente impactada pela **IA**. Ferramentas inteligentes podem analisar dados, personalizar o ensino e identificar lacunas de aprendizado. Além disso, a IA permite a criação de ambientes de aprendizagem mais dinâmicos e adaptáveis. No entanto, é fundamental que os professores sejam valorizados nesse cenário.

Em vez de substituir os professores, a IA os capacita. Os educadores podem usar a tecnologia para rastrear o progresso dos alunos, fornecer feedback personalizado e criar interações mais significativas em sala de aula. O **novo papel do professor provocador** é aquele que estimula a curiosidade, a reflexão crítica e a criatividade dos alunos. Com a IA como suporte, o educador pode explorar novas estratégias, promover a colaboração e preparar os estudantes para um mundo em constante transformação. A colaboração entre tecnologia e professores é essencial para uma educação eficaz e ética.

Além dos aspectos mencionados, é fundamental garantir os direitos trabalhistas dos professores, incluindo salários justos, carga horária adequada e benefícios. Além disso, a formação continuada é essencial para que os educadores se mantenham atualizados em relação às práticas pedagógicas e às novas tecnologias. Por fim, condições de trabalho adequadas, como infraestrutura, suporte administrativo e um ambiente seguro são cruciais para o bem-estar dos professores e, consequentemente, para o sucesso dos alunos.

4

APRENDIZAGEM BASEADA EM PROBLEMAS COM USO DA IA

"Tente mover o mundo -
o primeiro passo será mover a si mesmo."
Platão

A **Aprendizagem Baseada em Problemas** (**ABP ou PBL**) é uma abordagem educacional que coloca o aluno no centro do processo de aprendizado. É um método de ensino-aprendizagem que visa capacitar os alunos a construir conhecimento de forma conceitual, procedimental e atitudinal por meio da resolução de problemas. Nesse método, problemas do cotidiano são utilizados para desenvolver conhecimentos e habilidades. A ABP incentiva a resolução ativa de desafios, promovendo a compreensão profunda dos conceitos.

Por sua vez, a IA está transformando a experiência de aprendizado. Ela permite personalização, análise eficiente de dados e novas formas de avaliação. A IA pode melhorar a eficiência na educação, mas também traz preocupações éticas que precisam ser consideradas. Encontrar um equilíbrio entre a implementação da IA e a garantia da privacidade dos alunos é essencial.

Lee *et al.* (2024), em seus estudos, procuram mostrar que a **IA** está cada vez mais presente na vida das pessoas, trazendo facilidades e, ao mesmo tempo, novos dilemas e desafios. No contexto acadêmico-científico, destacam-se as ferramentas de **IAG**, que têm a capacidade de responder a perguntas e sintetizar conteúdos textuais. Para os autores, um exemplo notável é o **ChatGPT**, listado como coautor de um artigo científico. Essas ferramentas têm sido discutidas e incentivadas como recursos no processo de pesquisa e escrita científica. No entanto, é importante lembrar que, apesar de sua utilidade, a criatividade, a inovação e a capacidade de gerar novas ideias ainda são características exclusivas dos pesquisadores humanos. Enfim, a colaboração entre a IA e oportunidades de pesquisa pode levar a avanços significativos, desde que sejam consideradas as limitações e os cuidados éticos necessários.

A **IAG** desempenha um papel significativo na educação, especialmente na metodologia **ABP**. Essa abordagem coloca os alunos no centro do processo de aprendizado, incentivando a resolução ativa de problemas do mundo real. No entanto, a IA pode complementar e aprimorar essa metodologia de várias maneiras.

Para Oliveira *et al.* (2024), a IA revoluciona a educação, permitindo análise eficiente de grandes volumes de dados. Ela personaliza o ensino, adaptando-se às necessidades individuais dos alunos. Tutores virtuais e assistentes baseados em IA oferecem suporte individualizado, promovendo aprendizado autônomo e feedback instantâneo. Além disso, a IA automatiza tarefas administrativas, liberando os professores para focarem no ensino. Os autores apontam que a implementação da IA na educação enfrenta desafios éticos e requer capacitação de educadores e alunos. A colaboração entre todas as partes interessadas é essencial para explorar todo o potencial da IA, garantindo uma experiência de aprendizado eficaz e inclusiva.

4.1 IA e aprendizagem baseada em problemas (ABP ou PBL)

Primeiramente, a IAG é capaz de criar cenários autênticos e desafiadores para os alunos. Esses cenários estimulam o engajamento, a criatividade e a aplicação prática dos conhecimentos adquiridos. Imagine um projeto em que os alunos precisam desenvolver uma solução para um problema complexo em sua área de estudo. A IA pode gerar diferentes contextos, variando desde questões técnicas até dilemas éticos, proporcionando aos alunos uma experiência mais próxima da realidade.

Além disso, a IA oferece feedback personalizado sobre as soluções propostas pelos alunos. Esse feedback imediato ajuda os estudantes a ajustar suas abordagens, corrigir erros e aprimorar seu aprendizado. Por exemplo, ao resolver um caso clínico em um curso de medicina, a IA pode avaliar as decisões tomadas pelos alunos e fornecer percepções sobre diagnósticos, tratamentos e protocolos.

Outra contribuição importante da IA é a síntese de conteúdo. Ela pode resumir informações relevantes para os projetos em andamento. Isso facilita a compreensão e a pesquisa, permitindo que os alunos se concentrem nos aspectos essenciais. Por exemplo, ao revisar a literatura científica para embasar um projeto de pesquisa, a IA pode extrair os postos-chave de artigos e relatórios, economizando tempo e esforço dos alunos.

A exploração de dados e tendências também é uma área em que a IA pode colaborar com a ABP. Ela pode analisar grandes volumes de dados, identificar padrões e tendências relevantes e, assim, orientar os alunos na formulação de problemas e na busca por soluções inovadoras. Imagine um projeto de análise de mercado em um curso de administração: a IA pode examinar dados de consumidores, concorrentes e tendências econômicas para ajudar os alunos a tomar decisões embasadas.

Para Luckesi (2011), o objetivo principal da prática educativa é proporcionar ao educando a oportunidade de aprender e, consequentemente, desenvolver-se por meio da ampliação contínua da consciência, tanto como indivíduo quanto como cidadão. A formação pessoal, sem considerar a perspectiva da cidadania, pode levar ao individualismo, enquanto a formação do cidadão, sem considerar a perspectiva do sujeito, pode resultar em uma sociedade autoritária. O ensino e a aprendizagem dos conhecimentos elaborados pela ciência, filosofia e artes são recursos essenciais para a expansão da consciência.

Estamos nos referindo a esse clássico porque, quando falamos de dar um desafio ao aluno para buscar a solução, estamos, de forma muito rica, dando a ele a chance de construção de sua formação pessoal e cidadã, a partir da pesquisa, da crítica, do raciocínio lógico, da aventura da descoberta de soluções de forma autônoma e criativa. Assim, vemos que, também com o suporte da IA, o professor pode atuar de forma interdisciplinar, pois busca desenvolver sistemas capazes de simular a inteligência humana. No contexto educacional, a IA desempenha um papel significativo. Ela personaliza a aprendizagem, adaptando o conteúdo às necessidades individuais dos alunos, e permite a avaliação automatizada, economizando tempo para os educadores. Além disso, a análise de dados educacionais por meio da IA ajuda a identificar tendências e a tomar decisões informadas para melhorar o ensino.

Vejamos como podemos integrar duas ferramentas de IA em um exemplo de aula sobre geometria, cálculo do ponto médio, conteúdo do componente curricular matemática. Estamos falando das ferramentas **Elicit** e **Symbolab**.

Elicit é um assistente de pesquisa que utiliza **artificializa** para automatizar fluxos de trabalho de pesquisa, especialmente na revisão da literatura. Ele é projetado para encontrar artigos relevantes mesmo sem depender de correspondência exata de palavras-chave. Já o **Symbolab** é um solucionador avançado de problemas matemáticos, ele pode ajudar a resolver equações, simplificar expressões e fornecer explicações detalhadas.

Quadro 2 – Planejamento de aula de cem minutos sobre geometria com metodologia APB e IA

Objetivos	Etapas da aula	Ferramentas de IA	Avaliação
• Capacitar os alunos a calcular o ponto médio de um segmento delimitado por dois pontos no plano cartesiano. • Desenvolver habilidades de interpretação e aplicação de fórmulas matemáticas em situações práticas de geometria analítica Symbolab: • Durante a atividade prática, os alunos podem usar o Symbolab para resolver problemas matemáticos relacionados à geometria. • Ele oferece soluções passo a passo, permitindo que os alunos compreendam os processos de resolução.	**1. Introdução (15 - 20 minutos)** Contextualização histórica e prática do cálculo do ponto médio. Situações-problema: Imagine que um drone foi programado para voar em linha reta entre dois pontos A (-2,3) e B (4,7) em um plano cartesiano. Como o drone poderia ser programado para saber o ponto exato onde o ponto médio dessa rota se encontra? Considere que um arquiteto precisa projetar uma nova rodovia que conecta duas cidades no mapa. As coordenadas de cada cidade são respectivamente C (1,4) e D (7,8).	**Symbolab:** Durante a atividade prática, os alunos podem usar o Symbolab para resolver problemas matemáticos relacionados à geometria. Ele oferece soluções passo a passo, permitindo que os alunos compreendam os processos de resolução. **Elicit** Durante a fase de brainstorming, os alunos podem usar o **Elicit** para analisar grandes volumes de dados e gerar questões de pesquisa relevantes.	**Avaliação de Desempenho:** Avaliação de Desempenho é uma abordagem autêntica que permite aos alunos demonstrar o que aprenderam e como resolver problemas. Os alunos podem trabalhar em equipe para resolver um problema complexo, aplicando conceitos de geometria e explicando suas soluções. **Investigações curtas:** Peça aos alunos para realizar investigações curtas. Eles podem interpretar, calcular, explicar ou prever resultados relacionados a conceitos matemáticos. Essas investigações podem ser realizadas individualmente ou em grupos.

Objetivos	Etapas da aula	Ferramentas de IA	Avaliação
• Incentivar a colaboração e discussão entre os alunos durante as atividades práticas para promover uma compreensão mais profunda do conceito.	**2. Atividade prática (60 minutos)** Divida os alunos em grupos. Cada grupo escolhe uma das situações-problema para resolver. Utilize mapas do plano cartesiano, marcadores ou lápis, folhas de papel para cálculos e réguas. Os alunos aplicam fórmulas para calcular o ponto médio e apresentam suas soluções. **3. Discussão e reflexão (10 minutos)** Compartilhamento das soluções entre os grupos. Discussão sobre a aplicabilidade do cálculo do ponto médio em situações reais. Parte superior do formulário Parte inferior do formulário		**Perguntas abertas:** Faça perguntas abertas em forma de quiz: peça respostas escritas ou orais. Solicite soluções matemáticas. Peça desenhos, gráficos ou diagramas.

Fonte: autora (2024)

Nesse planejamento vimos um tema da matemática, geometria, especificamente o cálculo do ponto médio, que pode ser trabalhado com APB com aplicação de IA. No entanto, podemos ter outros exemplos de práticas para a mesma metodologia, inclusive práticas interdisciplinares.

Nosso foco agora será trabalhar o tema violência nas escolas, como faremos? Violência nas escolas é uma preocupação que afeta toda a comunidade educacional: alunos, pais, professores, administradores e legisladores. Assédio, intimidação, violência emocional e física têm impacto negativo no desempenho acadêmico, no bem-estar emocional e na qualidade de vida dos estudantes. Nesse contexto, desenvolvemos um plano de aula interdisciplinar para lidar com esse desafio.

Começaremos com uma compreensão mais profunda da violência escolar e seu impacto. Analisaremos os diferentes tipos de violência e exploraremos os fatores que contribuem para sua ocorrência. Além disso, abordaremos a violência como uma questão de direitos civis, considerando valores culturais e sociais.

Na próxima etapa, discutiremos estratégias gerais para prevenir a violência nas escolas. Os professores têm um papel fundamental nesse processo, estabelecendo relações positivas entre os alunos e promovendo um ambiente seguro e de suporte. Abordaremos também métodos para lidar com a violência quando ela ocorrer, incluindo resolução de conflitos e protocolos de sala de aula.

A IA do **Open Knowledge Maps** nos auxiliará na busca por informações relevantes sobre violência escolar. Mapearemos tópicos de pesquisa, identificaremos documentos-chave e conectaremos conceitos interdisciplinares. Essa ferramenta nos ajudará a construir conhecimento de forma abrangente e informada.

Quadro 3 – Planejamento Pedagógico com o uso da ferramenta de IA **Open Knowledge Maps**

Etapas do plano	Disciplinas envolvidas	Descrição	Uso da Open Knowledge Maps	Avaliação
Introdução	Todas as disciplinas	Apresentação do tema da violência nas escolas. Discussão sobre experiências pessoais e percepções dos alunos.	Explorar mapas de conhecimento na **Open Knowledge Maps** para contextualizar o tema.	Avaliar a participação dos alunos na discussão inicial.
Pesquisa e Análise	Matemática, Ciências Humanas	Pesquisa de dados estatísticos sobre violência escolar. Identificação de padrões.	Utilizar a **Open Knowledge Maps** para acessar pesquisas acadêmicas relevantes sobre violência nas escolas.	Avaliar a qualidade da pesquisa e a análise dos dados.
Debate e reflexão	Ciências humanas	Discussão sobre causas e consequências da violência.	Refletir sobre percepções obtidos nos mapas de conhecimento da **Open Knowledge Maps**.	Avaliar a participação ativa dos alunos no debate.
Estratégias de Prevenção	Todas as disciplinas	Exploração de estratégias de prevenção e enfrentamento da violência.	Buscar boas práticas e recomendações na **Open Knowledge Maps**.	Avaliar os projetos interdisciplinares criados pelos alunos.

Fonte: autora (2024)

O **Open Knowledge Maps** é um mecanismo de busca baseado em IA que amplia a visibilidade dos resultados de pesquisas científicas. Ele facilita o acesso a informações relevantes, permitindo que pesquisadores e estudantes encontrem documentos e conceitos essenciais. A IA por trás do **Open Knowledge Maps** desempenha um papel crucial na organização e visualização dessas informações, contribuindo para a interdisciplinaridade.

Por sua vez, a **ABP** é uma metodologia ativa de ensino que utiliza problemas reais como ponto de partida para o aprendizado. Ela incentiva os alunos a resolverem questões complexas, aplicando conhecimentos de diversas disciplinas. A ABP promove a interdisciplinaridade ao integrar conceitos e abordagens de diferentes áreas do conhecimento.

Assim, a intersecção entre a IA do **Open Knowledge Maps** e a metodologia ABP cria oportunidades para a construção do conhecimento interdisciplinar. Ao mapear conceitos e conexões, o **Open Knowledge Maps** identifica lacunas e possibilidades de pesquisa colaborativa, enriquecendo a formação acadêmica e profissional dos estudantes.

4.2 Desenvolvimento de competências de aprendizagem a partir da prática

A teoria da aprendizagem significativa, proposta por David Ausubel (2003), insere-se no paradigma construtivista, que considera o conhecimento como uma construção ativa do sujeito a partir de suas experiências e interações com o meio. Nessa perspectiva, o papel do professor é fundamental para criar situações de ensino que favoreçam a aprendizagem significativa dos alunos, levando em conta seus conhecimentos prévios, interesses e necessidades. Além disso, as competências de aprendizagem, como a capacidade de relacionar conceitos, aplicar o conhecimento em situações reais e refletir criticamente sobre o aprendizado, também desempenham um papel crucial na promoção dessa aprendizagem significativa. Vamos agora explorar os diferentes tipos de aprendizagem significativa e como aplicá-los em sala de aula.

A aprendizagem significativa, segundo a teoria de Ausubel (2003), pode ser de três tipos: representacional, conceitual ou proposicional. A representacional envolve atribuir significados a símbolos arbitrários, como palavras ou números. A aprendizagem conceitual refere-se à formação e modificação de conceitos abstratos. Já a aprendizagem proposicional compreende a compreensão de afirmações sobre conceitos e suas relações. No paradigma construtivista, o professor desempenha um papel fundamental, criando situações de ensino que consideram os conhecimentos prévios, interesses e necessidades dos alunos, estimulando a participação ativa e o uso de metodologias ativas.

Nessa perspectiva, Costa Júnior *et al.* (2024) dizem que o papel do professor é fundamental para criar situações de ensino que favoreçam a aprendizagem significativa dos alunos. Além disso, as competências de aprendizagem também desempenham um papel crucial nesse processo. Assim, a IA pode colaborar com a personalização do aprendizado, fornecendo feedback inteligente, recomendando conteúdo relevante e analisando dados educacionais.

É importante entender que competências não devem ser vistas como um fim em si mesmas, mas como recursos. A análise das práticas pedagógicas, diversidade de aprendizagens e postura crítica são essenciais. Le Boterf (2002) enfatiza que competência não se limita ao conhecimento teórico ou habilidades práticas, mas envolve mobilização adequada de funções cognitivas. Além disso, a competência é socialmente construída e compartilhada por grupos.

Em resumo, a competência é dinâmica, contextual e vai além do operatório. Ela permite a orientação no mundo social e mantém a comunicação entre grupos. A diferença entre competência e qualificação também é relevante, com a primeira exigindo a mobilização sistêmica de recursos.

Quando se trata de desenvolver competências relacionadas ao tema da violência nas escolas, os alunos têm a oportunidade de adquirir habilidades essenciais para promover um ambiente seguro e saudável. Por meio da conscientização e identificação de diferentes formas de violência, como bullying e cyberbullying, os alunos aprendem a reconhecer comportamentos prejudiciais. Além disso, o desenvolvimento da empatia e do respeito pelos colegas contribui para a construção de relações positivas. A comunicação assertiva permite expressar sentimentos e preocupações sem recorrer à violência, enquanto a resolução de conflitos por meio do diálogo e da negociação fortalece a capacidade de lidar com desentendimentos de maneira pacífica. Por fim, o autocontrole e a autodefesa capacitam os alunos a protegerem-se emocionalmente e a agirem de forma segura em situações desafiadoras. Vejamos a figura a seguir:

Figura 2 – Competências de aprendizagem

Fonte: autora (2024)

4.3 Considerações parciais

A ABP é uma abordagem educacional que coloca o aluno no centro do processo de aprendizado. É um método de ensino-aprendizagem que visa capacitar os alunos a construir conhecimento de forma conceitual, procedimental e atitudinal por meio da resolução de problemas. Nesse método, problemas do cotidiano são utilizados para desenvolver conhecimentos e habilidades. A ABP incentiva a resolução ativa de desafios, promovendo a compreensão profunda dos conceitos. No contexto acadêmico-científico, destacam-se as ferramentas de IAG, que têm a capacidade de responder a perguntas e sintetizar conteúdos textuais. Para os autores, um exemplo notável é o ChatGPT, listado como coautor de um artigo científico. Essas ferramentas têm sido discutidas e incentivadas como recursos no processo de pesquisa e escrita científica. No entanto, é importante lembrar que, apesar de sua utilidade, a criatividade, a inovação e a capacidade de gerar novas ideias ainda são características exclusivas dos pesquisadores humanos. Enfim, a colaboração entre a IA e oportunidades de pesquisa pode levar a avanços significativos, desde que sejam consideradas as limitações e os cuidados éticos necessários.

Como vimos, o Elicit é um assistente de pesquisa que utiliza IA para automatizar fluxos de trabalho de pesquisa, especialmente na revisão da literatura. Ele encontra artigos relevantes, mesmo sem depender de correspondência exata de palavras-chave. Com o Elicit, é possível buscar artigos, obter resumos e extrair detalhes de documentos. Por sua vez, o Symbolab é uma calculadora passo a passo que resolve problemas matemáticos complexos. Ele simplifica equações, fornece explicações detalhadas e permite a análise de funções e geometria. O Open Knowledge Maps é um mecanismo de busca baseado em IA para conhecimento científico. Ele amplia a visibilidade dos resultados de pesquisas, facilitando o acesso a informações relevantes e promovendo a interdisciplinaridade. A **ABP** é uma metodologia ativa de ensino que utiliza problemas reais como ponto de partida. Ela incentiva os alunos a resolverem questões complexas, integrando conceitos de diferentes áreas do conhecimento.

A sinergia entre essas ferramentas é fundamental para uma abordagem eficaz e interdisciplinar. O Elicit, ao utilizar IA para encontrar artigos relevantes, fornece aos alunos acesso rápido a informações essenciais. Isso é especialmente valioso na ABP, em que os problemas reais exigem conhecimento multidisciplinar. O Symbolab, por sua vez, capacita os alunos a resolverem questões matemáticas complexas, fortalecendo a aplicação prática do conhecimento. Quando integrado à ABP, ele se torna uma ferramenta poderosa para a análise e a solução de problemas. Já o Open Knowledge Maps amplia a visibilidade dos resultados de pesquisas, permitindo que os alunos explorem conceitos relevantes de diversas áreas. Sua IA organiza informações e promove a conexão entre disciplinas, enriquecendo a experiência de aprendizado.

Em conjunto, essas ferramentas capacitam os alunos a explorar, compreender e aplicar conhecimentos de maneira mais eficaz, alinhando-se perfeitamente com os princípios da ABP.

5

A IA E A SALA DE AULA INVERTIDA

"Para isso existem as escolas: não para ensinar as respostas, mas para ensinar as perguntas. As respostas nos permitem andar sobre a terra firme. Mas somente as perguntas nos permitem entrar pelo mar desconhecido."
Rubem Alves

Iniciamos destacando o conceito da metodologia sala de aula invertida (SAI). Como metodologia ativa na aprendizagem, já sabemos que ela pode potencializar uma dinâmica de colocar o aluno como protagonista de sua aprendizagem. No entanto, se vamos falar sobre a possibilidade de usar a IA para colaborar nesse processo de construção do conhecimento, precisamos retomar nosso saber sobre essa metodologia.

Nesse sentido, é importante destacar que a SAI funciona muito bem quando queremos desenvolver um debate, uma solução de problemas, uma roda de conversa, um trabalho de equipes em sala, entre outras iniciativas. É uma metodologia que, de fato, impõe ao aluno a necessidade de sair de sua zona de conforto e agir de forma ativa para dar sentido e efetividade à sua aprendizagem.

Bergmann e Sams (2016), pioneiros em detalhar a metodologia, exploram a SAI, também chamada de *flipped classroom*, como uma abordagem que propõe a inversão das atividades tradicionais de ensino. Conforme nos explicam, nesse modelo, os alunos estudam o conteúdo antes da aula, geralmente por meio de materiais online, como vídeos ou leituras, e, durante o tempo presencial, os professores focam em atividades práticas, discussões e esclarecimento de dúvidas. A metodologia promove a autonomia dos alunos, o desenvolvimento de habilidades de pesquisa e a melhoria da compreensão dos conteúdos.

Também Santos, Mercado e Pimentel (2021) realizam uma revisão sistemática de literatura sobre o tema e definem que a SAI é uma metodologia que inverte as atividades tradicionais de ensino. Nesse modelo, os alunos estudam o conteúdo antes da aula, geralmente por meio de materiais online, como vídeos ou leituras. Durante o tempo presencial, os professores se concentram em atividades práticas, discussões e esclarecimento de dúvidas. Os resultados encontrados demonstram a promoção da autonomia dos alunos, o desenvolvimento de habilidades de pesquisa e a melhoria da compreensão dos conteúdos, e conduzem a desafios, como a necessidade de formação docente específica para implementar a SAI, a adaptação da cultura escolar e a clareza no planejamento das atividades.

Vitiello, Nantes e Fonteque (2022) descrevem uma experiência formativa durante o estágio supervisionado no curso de licenciatura em computação e informática. Nessa prática, os autores aplicaram a metodologia da SAI em uma escola pública no Rio Grande do Norte. Os autores selecionaram o conteúdo teórico que seria abordado na aula e gravaram vídeos explicativos ou disponibilizaram materiais online, como textos e slides, para que os alunos pudessem estudar previamente. Durante o encontro presencial, as autoras promoveram atividades práticas, como resolução de exercícios, discussões em grupo e experimentos. Os alunos tiveram a oportunidade de aplicar o conhecimento adquirido e esclarecer dúvidas diretamente com as autoras. Como resultado, os alunos demonstraram maior engajamento e interesse nas aulas, e a metodologia permitiu uma relação mais próxima entre alunos e professoras, favorecendo a construção colaborativa do conhecimento.

5.1 IA e sala de aula invertida

Conforme o estudo de Almeida (2024), a ferramenta ChatGPT pode ser utilizada como um recurso complementar para auxiliar estudantes e professores. Ele oferece suporte na explicação de conceitos, exemplos práticos e prática de habilidades textuais. Ele infere que o ChatGPT é uma tecnologia de artificializa criada pela OpenAI e segue a arquitetura GPT-3.5, em que busca garantir uma interação mais natural com os usuários. Embora não substitua o ensino tradicional, o ChatGPT pode ser usado como uma ferramenta de apoio para estudantes e professores.

Em nossos estudos encontramos que Vitiello, Nantes e Fonteque (2022) também apresentam uma metodologia híbrida que combina SAI, gamificação e ABP em um curso de IA. Os resultados preliminares indicam melhorias nas notas dos alunos, estímulo ao pensamento crítico e aplicação prática dos conceitos teóricos durante as aulas. Essa abordagem visa otimizar o processo de aprendizagem, adaptando-se às mudanças tecnológicas e às necessidades dos estudantes.

O artigo "Metodologias Ativas: Utilidades do ChatGPT no Contexto da Sala de Aula", das mesmas autoras referidas, explora como a integração de tecnologias digitais, como o ChatGPT, pode beneficiar a SAI. Essa abordagem visa otimizar o processo de ensino-aprendizagem, incentivando a participação ativa dos alunos e a aplicação prática dos conceitos teóricos. A combinação de metodologias ativas com IA promove uma aprendizagem mais adaptada às necessidades dos estudantes. Os autores destacam a importância de orientar os alunos no uso do ChatGPT, garantindo que ele seja usado de maneira eficaz e ética. Além disso, ressaltam a necessidade contínua de formação docente para aproveitar ao máximo essas tecnologias no contexto da sala de aula.

As autoras prosseguem nessa experiência relatando que, no contexto da pandemia, elas aplicaram essa metodologia com 23 alunos na disciplina "Ensino, Tecnologia e Linguagens: aspectos teóricos e metodológicos" para enriquecer a experiência educacional. Por meio dessa ferramenta, os alunos puderam interagir, fazer perguntas e receber respostas relacionadas ao conteúdo da disciplina. O retorno foi significativo quanto ao envolvimento e empenho dos alunos, bem como ao uso reflexivo e crítico das Tecnologias Digitais de Informação e Comunicação (TDIC) no processo de formação.

Silva *et al.* (2023) adotam a SAI como uma estratégia central. Nesse modelo, os alunos acessam o conteúdo teórico antes das aulas presenciais, por meio de recursos como vídeos, leituras ou materiais online. Durante as aulas, o foco é em atividades práticas, discussões em grupo e aplicação dos conceitos aprendidos. Essa abordagem visa promover uma aprendizagem mais ativa e participativa, permitindo que os alunos explorem os tópicos de forma mais profunda. Eles mostram que, na metodologia de SAI, podemos usar a IA de várias maneiras para enriquecer a experiência educacional. Seguem referindo possibilidades como a produção de conteúdo que envolve a criação de materiais educativos relacionados à IA, incluindo vídeos explicativos ou tutoriais que abordam conceitos-chave da IA, bem como o desenvolvimento de materiais interativos, como quizzes ou exercícios, para os alunos estudarem antes das aulas.

Os autores destacam ainda que, na personalização do aprendizado, os algoritmos de IA podem adaptar o conteúdo às necessidades individuais dos alunos e recomendar recursos específicos com base no desempenho e nos interesses de cada estudante. Em relação ao apoio à aprendizagem, é viável implementar chatbots ou assistentes virtuais para responder a dúvidas dos alunos e oferecer feedback automatizado em tarefas e projetos. Finalmente, na análise de desempenho, é possível coletar dados sobre o progresso dos alunos e identificar áreas de melhoria, além de avaliar o engajamento e a participação dos estudantes.

Sobre especificamente a IA e aprendizagem personalizada, Guimarães (2024) faz uma reflexão em relação à importância e funcionalidade da IA para esse processo educacional. A autora afirma que a personalização da aprendizagem por meio da IA representa uma revolução no campo educacional, promovendo um ensino adaptado às necessidades individuais de cada aluno. A IA permite a análise de dados em grande escala para identificar padrões e preferências de aprendizado, possibilitando a customização do conteúdo didático e das metodologias de ensino. Segundo ela, isso resulta em uma experiência educacional mais eficiente e engajadora, em que os alunos podem progredir no seu próprio ritmo e de acordo com seu estilo de aprendizagem.

A pergunta que devemos fazer é, já que é possível desenvolver a metodologia da SAI com IA e como essa possibilidade traz inúmeras contribuições positivas para o ensinar e aprender, como podemos trabalhar nessa perspectiva? Sabemos que é preciso investir na formação de professores e na disponibilidade de acesso aos recursos e às ferramentas digitais no ambiente escolar, no entanto, é possível estabelecer um planejamento para trabalhar IA e SAI?

Em nossas pesquisas, já vimos que a SAI como estratégia pedagógica quando aliada com a IA pode trazer benefícios para o aprendizado, tais como: ela pode adaptar o conteúdo de acordo com as necessidades individuais dos alunos; identificar lacunas de conhecimento e oferecer materiais específicos para preenchê-las; os estudantes podem avançar no seu próprio ritmo, revisitando tópicos conforme necessário; ela consegue oferecer um feedback instantâneo, já que avalia o desempenho dos alunos em habilidades socioemocionais, inclusive, como pensamento crítico, resolução de problemas e criatividade; ela também colabora para aumentar a participação em sala de aula, enquanto os alunos, ao assistirem às aulas fora do ambiente escolar, chegam à sala de aula preparados e engajados, trazendo uma interação com colegas e professores mais significativa, pois isso passa a acontecer de forma focada em discussões, projetos e aplicação prática do conhecimento.

Finalmente, a IA pode ajudar a criar materiais de ensino, como apresentações narrativas, vídeos explicativos e exercícios personalizados. Isso significa que a combinação da SAI com a IA oferece uma abordagem mais dinâmica, personalizada e eficiente para o processo de aprendizado.

5.2 Planejando a sala de aula invertida com IA

Todos os benefícios debatidos anteriormente só vão de fato funcionar na sala de aula se tivermos um planejamento adequado e que tenha direcionamento do professor. O professor precisa estar sempre à frente do processo. Dessa forma, passamos agora a apresentar essas ideias de planejamento e organização pedagógicos para utilizar a IA com essa metodologia.

No processo de planejamento de uma aula, é importante identificar os tópicos ou conteúdos que serão abordados. Além disso, criar materiais de ensino, como vídeos explicativos, apresentações narrativas e exercícios, é fundamental para garantir uma experiência de aprendizado eficaz.

Na etapa de disponibilização do conteúdo, é recomendado que os materiais de ensino sejam entregues aos alunos antes da aula. Isso pode ser feito por meio de uma plataforma online, como um site, um ambiente virtual de aprendizagem (AVA) ou um aplicativo. Os alunos devem assistir aos vídeos, ler as apresentações e realizar os exercícios em casa, preparando-se para a interação presencial.

Durante a aula presencial, o foco deve estar em atividades interativas, discussões e aplicação prática do conhecimento. Além disso, a IA pode ser utilizada para personalizar o conteúdo com base nas necessidades individuais dos alunos, oferecer feedback imediato sobre o desempenho dos estudantes e criar exercícios personalizados. Não podemos esquecer também que é essencial acompanhar o progresso dos alunos e ajustar o conteúdo conforme necessário. Incentivar a participação ativa em sala de aula contribui para uma experiência de aprendizado mais enriquecedora.

Para o trabalho com IA e SAI, sugerimos algumas plataformas que podem ser utilizadas com efetividade. São elas: ChatGPT-3 e Gemini, do Google.

Vejamos uma sugestão de planejamento de SAI usando o ChatGPT-3. Vamos imaginar o tema de enchentes e inundações. Antes da aula, os alunos podem utilizar o GPT-3 para pesquisar e resumir informações sobre enchentes e inundações. Eles têm a possibilidade de fazer perguntas específicas ao modelo, como "Quais são as principais causas das enchentes?" ou "Como as mudanças climáticas afetam a frequência de inundações?". Isso permite que os alunos explorem diferentes perspectivas e obtenham informações detalhadas.

Além disso, os estudantes podem usar o GPT-3 para criar materiais de estudo personalizados. Por exemplo, podem gerar flashcards com definições de termos relacionados a enchente ou elaborar um mapa mental com os principais tópicos abordados na aula. Durante as discussões em sala de aula, o GPT-3 também pode auxiliar os alunos a gerar perguntas e argumentos relacionados a enchentes, enriquecendo o debate e incentivando o pensamento crítico. O professor, inclusive, pode recorrer ao GPT-3 para responder a perguntas desafiadoras dos alunos.

O Bard, IAG anterior ao Gemini, é um chatbot desenvolvido pelo Google que utiliza inteligência artificial generativa para fornecer respostas às perguntas dos usuários com base em aprendizado de máquina e processamento de linguagem natural. Assim como o ChatGPT da OpenAI e outros chatbots similares, o Bard foi treinado em um enorme conjunto de dados, permitindo que ele realize várias tarefas de forma criativa e informativa. Recentemente, o Google fez algumas melhorias nele, como adicionar suporte para mais idiomas e permitir que os usuários exportem texto para o Google Docs e Gmail. Além disso, eles estão trabalhando em uma função que permitirá ao Bard gerar imagens usando IA.

O funcionamento do Bard envolve a técnica de aprendizado de máquina, tornando-o mais inteligente sem a intervenção direta de programadores. Seu modelo fundacional é a tecnologia Gemini Pro, que oferece suporte multimodal (ou seja, aceita diferentes tipos de entradas, como textos, fotos, vídeos e códigos) e promete alta qualidade na interpretação de formatos variados. Além disso, o Bard é capaz de criar poemas, códigos, roteiros, músicas e até mesmo e-mails. Se você precisa de alguma peça criativa, ele pode ajudar a gerá-la.

Como o Bard pode colaborar para o planejamento da SAI? Vamos organizar as principais diretrizes para podermos trabalhar em colaboração com essa IA. Suponhamos, mais uma vez, que queremos trabalhar o tema das enchentes. Assim, vamos iniciar um planejamento possível para atender a nossa meta pedagógica. Nosso planejamento vai passar por: introdução, pesquisa prévia, metodologia da SAI, atividade colaborativa e a conclusão de nosso processo. Vejamos o quadro a seguir desse planejamento:

Quadro 4 – Planejamento de SAI com a temática das enchentes – uso da IA Bard

Introdução:	• Projete o tema da aula e explique à turma a importância de estudar as enchentes. Destaque que, apesar de serem fenômenos naturais, as enchentes podem causar sérios transtornos para a população. • Inicie um debate sobre as **causas, consequências** e a **relação das enchentes** com questões sociais, econômicas e ambientais.
Pesquisa prévia	• Peça aos alunos que realizem uma pesquisa prévia sobre enchentes e mudanças climáticas antes da aula. Eles podem usar fontes confiáveis, como sites educacionais ou artigos científicos. • Os professores/as podem criar um guia de conteúdo de pesquisa online para ajudar os alunos a entenderem o tópico antes da aula.
Uso da IA Bard	• Os alunos podem fornecer trechos de texto ou tópicos específicos, e o Bard pode gerar um resumo conciso. • Se os alunos encontrarem artigos em outros idiomas, o Bard pode traduzi-los para o idioma desejado. • Os alunos podem fazer perguntas sobre conceitos relacionados a enchentes e mudanças climáticas, e o Bard pode fornecer explicações detalhadas. • Os professores podem usar o Bard para criar roteiros de estudo personalizados. Por exemplo, o Bard pode sugerir tópicos de pesquisa, fontes confiáveis e etapas para aprofundar o conhecimento sobre o assunto. • Simulação de enchentes: o Bard pode simular cenários de enchentes com base em dados e modelos.
SAI	• Durante a aula, utilize apresentações de slides com tópicos relacionados a enchentes e inundações. • Incentive os alunos a enriquecerem os slides colaborativamente, adicionando informações relevantes e compartilhando suas pesquisas. • Aplicativos gratuitos, murais colaborativos, como PADLET ou MIRO, podem ser usados para essa proposta.

Atividade colaborativa	• Divida a turma em grupos e peça que discutam as ações humanas que influenciam nas enchentes. • Cada dupla deve escrever ideias de como reduzir as chances de ocorrência de enchentes em regiões de risco. • Relacione as causas geradas por ações humanas com atitudes que devem ser tomadas para prevenir enchentes. • Discuta também como as enchentes podem ocorrer naturalmente.
Conclusão e avaliação	• Encerre a aula reforçando a importância da conscientização sobre enchentes e da adoção de práticas sustentáveis para minimizar os impactos. • Incentive os alunos a compartilharem suas descobertas e reflexões com a turma. • Avalie o entendimento dos alunos por meio de perguntas, debates ou projetos individuais. • Incentive-os a pensar criticamente sobre soluções para o problema das enchentes.

Fonte: autora (2024)

Segundo o blog Canaltech (2024), o Google Gemini é um modelo de linguagem multimodal, também desenvolvido pelo Google. Ele pode lidar com diferentes tipos de informação ao mesmo tempo, como texto, imagem, vídeo e código. Ele nasceu para potencializar o Bard e está atualizado como o Chat GPT-4. Essa ferramenta também é uma **IAG** que pode ser poderosa para professores criarem guias de conteúdo de pesquisa online e ajudar os alunos. Vamos explorar como os professores podem aproveitar o Gemini para o mesmo tema e a SAI. Podemos seguir o mesmo planejamento anterior e acrescentar no uso da IA Gemini as seguintes funcionalidades: conteúdo multimodal, atividades interativas, exploração de dados, simulações interativas.

Quadro 5 – IA Gemini

Uso da IA Gemini – Conteúdo multimodal	• Na SAI, os professores podem usar o Gemini para criar materiais de aprendizagem que combinam esses elementos. Por exemplo, vídeos explicativos: podemos criar vídeos curtos explicando os conceitos relacionados a enchentes, e ainda gerar legendas ou transcrições para esses vídeos. • Infográficos: podemos criar infográficos visualmente atraentes que mostram dados sobre enchentes, causas, impactos e medidas preventivas.
Uso da IA Gemini – Atividades interativas	• Criação de atividades interativas que os alunos realizam antes da aula. Por exemplo: • Quiz multimodal: os alunos podem responder a perguntas sobre enchentes usando texto, imagens ou até mesmo vídeos. O Gemini pode avaliar as respostas e fornecer feedback personalizado.
Uso da IA Gemini – Exploração de Dados	• O Gemini pode analisar dados relacionados a enchentes e apresentá-los de maneira visualmente atraente. Isso ajuda os alunos a compreenderem melhor os padrões e tendências.
Uso da IA Gemini – Simulações	• O Gemini pode criar simulações interativas de enchentes. Os alunos podem explorar diferentes cenários e entender as consequências das enchentes em diferentes áreas geográficas.

Fonte: autora (2024)

Como vimos, é preciso conhecer mais sobre essas ferramentas de IA para aplicá-la de forma pedagógica associada à SAI. Isso reforça a necessidade que os professores têm de enfrentar desafios como a formação para o uso da IA como favorável ao processo educacional.

5.3 Considerações parciais

As metodologias ativas colocam o estudante como protagonista do processo de aprendizagem. Elas incentivam a participação ativa, a colaboração e a resolução de problemas. A IA pode potencializar essa abordagem, identificando lacunas de conhecimento, fomentando a colaboração entre os alunos e permitindo a criação rápida de protótipos.

A IA pode personalizar o ensino, adaptando-se às necessidades individuais dos alunos. Ela pode analisar dados sobre o desempenho de cada estudante e oferecer recomendações específicas. Por exemplo, ao identificar dificuldades em um tópico, a IA pode sugerir materiais de estudo adicionais ou exercícios específicos.

Com a IA, os alunos podem receber feedback imediato em suas atividades. Isso é especialmente útil em avaliações formativas, em que o foco é o aprendizado contínuo. A IA pode analisar respostas, identificar erros comuns e fornecer orientações específicas para correção.

Na SAI, os alunos estudam o conteúdo antes das aulas presenciais. O uso da IA, como o Bard e o Gemini, pode enriquecer essa preparação. Como vimos, os professores podem criar materiais multimodais (vídeos, infográficos etc.) com a ajuda do Gemini. Os alunos acessam esses recursos antes da aula, permitindo que o tempo em sala seja dedicado a discussões, atividades práticas e esclarecimento de dúvidas.

A SAI valoriza o aprendizado contínuo. A IA pode criar atividades interativas, como quizzes ou simulações, que os alunos realizam antes da aula. O Gemini pode gerar perguntas, fornecer respostas detalhadas e estimular a reflexão. Assim, os alunos chegam à aula presencial mais preparados e engajados.

Em resumo, a combinação da IA com metodologias ativas, como a SAI, oferece uma abordagem dinâmica e centrada no aluno, promovendo um aprendizado mais eficaz e significativo.

6

ROTAÇÃO POR ESTAÇÃO DE APRENDIZAGEM COM APLICAÇÃO DA IAG

"Ninguém caminha sem aprender a caminhar, sem aprender a fazer o caminho caminhando, refazendo e retocando o sonho pelo qual se pôs a caminhar."
Paulo Freire

Quando começamos a entender sobre possibilidades e aplicações de diferentes metodologias ativas para uma nova dinâmica de construção de saberes e interações em nossa sala de aula, desenvolvemos uma curadoria focada em novas estratégias pedagógicas para esse fim.

Dessa forma, a metodologia de rotação por estações é uma abordagem que combina ensino presencial e online, permitindo que os alunos explorem um conteúdo de diferentes maneiras. Como metodologia ativa de aprendizagem, já sabemos que a metodologia de rotação por estações é uma abordagem inovadora no ensino híbrido. Ela cria um circuito dentro da sala de aula, organizando os alunos em grupos que alternam entre diferentes estações de aprendizagem.

Essas estações se subdividem para focar em atividades distintas, o que permite que os alunos explorem os conteúdos de diferentes maneiras. Nosso desafio neste capítulo é mostrar que podemos utilizar a IAG, que se refere a sistemas de IA que têm a capacidade de gerar conteúdo original e criativo, para potencializar essa metodologia ativa.

Segundo Lee *et al.* (2024), a **IAG** é um campo que surgiu após a Segunda Guerra Mundial, na década de 1950. Ela está presente no cotidiano das pessoas, muitas vezes de forma imperceptível. Duas situações exemplificam isso: a) o uso das palavras sugeridas por aplicativos de teclado em smartphones ou tablets; e b) o acesso aos conteúdos exibidos nos feeds de redes sociais. Tanto os aplicativos de teclado quanto as redes sociais utilizam algoritmos inteligentes para analisar dados e fornecer sugestões. Além disso, a IAG oferece diversas possibilidades no contexto acadêmico-científico, como gerenciar informações, elaborar resumos, melhorar a escrita, criar recursos visuais e planejar aulas.

6.1 Sobre a metodologia da rotação por estação de aprendizagem

Para Alcântara (2020), na rotação por estações de aprendizagem, cada estação oferece uma atividade específica relacionada à temática central da aula. Essa metodologia apresenta diversas vantagens, como a integração entre teoria e prática, a promoção de ensinamentos com início, meio e fim na mesma aula, e a possibilidade de aplicação em qualquer disciplina e curso. Além disso, estimula a autonomia do aprendiz, a socialização entre grupos de trabalho e o papel do professor como mentor.

Vejamos como Oliveira *et al.* (2024) trabalharam com esse olhar. Eles desenvolveram um estudo com 25 alunos, com idade de 11-12 anos, usando essa metodologia. A implementação do modelo de rotação por estações de aprendizagem ocorreu em duas aulas de 45 minutos cada, em dias diferentes. O conteúdo abordado foi o **sistema locomotor**, dividido em quatro estações de aprendizagem. No primeiro dia, as três primeiras estações foram implementadas simultaneamente, com duração de 15 minutos cada. Os alunos foram divididos em três grupos e participaram de um esquema de rodízio. No segundo dia, a quarta e última estação teve duração de 45 minutos, mantendo a divisão dos grupos e permitindo uma competição entre eles.

Segundo eles, na primeira etapa, os alunos demonstraram pouco conhecimento sobre o conteúdo. Nenhum aluno superou 60% de rendimento (conhecimento sobre o tema). Eles informam que os alunos sabiam a função do sistema locomotor e que ossos e músculos são fundamentais para a locomoção, por exemplo, mas não sabiam o que é articulação, nome de ossos ou de músculos, características, classificações entre outros aspectos. Vamos entender melhor como eles usaram essa metodologia.

Os autores mostram que, na primeira estação, os alunos tinham como objetivo identificar as principais características do sistema locomotor. Com o auxílio de um vídeo no YouTube, os grupos responderam perguntas sobre como o sistema locomotor é formado, a função e as principais características dos ossos e músculos, além de exemplos de movimento voluntário e involuntário. Já na segunda estação, demonstram que os alunos exploraram os principais ossos do corpo humano. Utilizando um modelo didático do esqueleto e uma imagem com os nomes dos ossos, eles identificaram os ossos correspondentes entre si e diante da professora.

Ainda nos estudos de Oliveira *et al.* (2024), na terceira estação, os alunos montaram um quebra-cabeça com uma imagem dos principais músculos do corpo humano e seus respectivos nomes. Em seguida, responderam a uma atividade em que deveriam identificar os nomes desses músculos. Na última estação, os grupos avaliaram os conhecimentos adquiridos sobre o sistema locomotor. Cada grupo escolheu um número de um a nove, correspondendo a uma pergunta ou desafio. O grupo vencedor respondeu corretamente à pergunta e realizou os dois desafios em vídeo: dançar a música "Livin' La Vida Loca", de Ricky Martin, e cantar a música "Porque Homem Não Chora", do Pablo.

Como vemos, os autores referidos apontam que os resultados da pesquisa indicam que a rotação por estações teve um impacto significativo no aprendizado dos alunos sobre o conteúdo e no desenvolvimento do trabalho em equipe. Mesmo sem experiência prévia com esse modelo, os alunos demonstraram interesse e colaboração durante as atividades. Em geral, a implementação da rotação por estações enriqueceu as habilidades dos alunos e tornou a sala de aula mais dinâmica.

Um ponto a ser destacado no que eles trouxeram é o uso da tecnologia educacional em algum momento do percurso, o que de fato agrega a essa metodologia e a define como própria para o ensino híbrido. De forma muito bem aplicada, fizeram uso inicial do **YouTube** na primeira estação e na quarta, de **PowerPoint.** Lévy (2010) argumenta que a internet, os hipertextos e as redes sociais nos fazem processar informações de forma não linear, pulando entre ideias. Isso afeta nossa compreensão e construção do conhecimento. Com a digitalização, nossa relação com o conhecimento se tornou mais fluida e dinâmica, alterando nossa visão do mundo. Representamos e interpretamos eventos de maneira diferente, influenciados pela conectividade e múltiplas perspectivas. Lévy (2010) introduz o conceito de "inteligência coletiva", que surge da colaboração online, ampliando nossa compreensão e transformando nossa inteligência individual. Eles e outros professores poderiam utilizar a IAG, que aqui chamarei de IA, para trabalhar da mesma forma com rotação por estações de aprendizagem?

Nossos estudos indicam que a IA pode adaptar as estações conforme o nível de conhecimento e preferências de cada aluno. Ela pode sugerir atividades específicas com base no desempenho individual, tornando a aprendizagem mais personalizada. Além disso, pode fornecer feedback imediato aos alunos durante as estações. Por exemplo, ao resolver exercícios ou interagir com materiais online, os alunos recebem orientações precisas e correções em tempo real, podendo analisar dados sobre o progresso dos alunos, identificando padrões de aprendizagem e áreas que precisam de reforço. Isso ajuda os professores a ajustar as estações conforme necessário.

6.2 IA e rotação por estação de aprendizagem

Bates (2015) define a IA como a representação em software dos processos mentais usados na aprendizagem humana. Inicialmente, as tentativas de replicar o processo de ensino usando IA começaram nos anos 1980, especialmente no ensino de aritmética. No entanto, os resultados não foram totalmente satisfatórios devido à complexidade das diversas formas pelas quais os estudantes aprendem (ou não conseguem aprender). Segundo ele, alguns exemplos de aplicação de IA na educação incluem tutores inteligentes, sistemas de recomendação, classificação de estilos de aprendizagem, mundos virtuais, gamificação e mineração de dados aplicada ao contexto educacional. Quais são as vantagens de usar a IA nessa metodologia ativa de aprendizagem: a rotação por estação de aprendizagem? Segundo Guimarães *et al.* (2023), a preparação adequada das estações é crucial. Para eles, o professor deve planejar cuidadosa e antecipadamente para garantir que todas as estações estejam prontas e adequadas às necessidades dos alunos. Isso envolve selecionar materiais, criar instruções claras e organizar os espaços físicos. Além disso, eles apontam que o gerenciamento do tempo é fundamental para que o professor garanta que todos os alunos possam concluir as atividades dentro do período designado, especialmente quando há alunos com necessidades especiais.

Ainda para os autores, o monitoramento contínuo das estações é essencial para que o processo esteja ocorrendo corretamente e que os alunos estejam aprendendo adequadamente. O professor deve observar o engajamento dos alunos, esclarecer dúvidas e ajustar conforme necessário. A personalização das estações também é um aspecto importante. Cada estação deve ser adaptada para atender às necessidades de aprendizado individuais de cada aluno. Isso pode envolver diferentes níveis de dificuldade, recursos específicos ou abordagens variadas. Por fim, a avaliação do aprendizado é um desafio na rotação por estações, especialmente quando os alunos estão trabalhando em diferentes atividades simultaneamente. O professor deve desenvolver avaliações precisas e justas, considerando o progresso individual de cada aluno. Além disso, garantir a disponibilidade de recursos adequados é fundamental para o sucesso dessa metodologia. Isso inclui materiais, tecnologia e suporte necessário para cada estação.

Então, vamos associar essas ideias ao uso de três ferramentas de IA que podem ajudar nesse caminho: **Cramly, Uizard.io** e **Leonardo.AI** . Estas têm versões gratuitas e pagas.

Sobre a primeira ferramenta, **Cramly,** é um site que oferece ferramentas e recursos de estudo online para ajudar os estudantes a se prepararem para exames e melhorarem seu desempenho acadêmico. Os alunos podem criar flashcards, quizzes e guias de estudo para revisar e testar seus conhecimentos em várias disciplinas. Você pode acessá-la pela própria plataforma e entrar com sua conta Google.

Ao trabalhar com essa IA, estamos desenvolvendo as seguintes competências de aprendizagem em nossos alunos: **pensamento crítico e análise, habilidades de pesquisa e curadoria de conteúdo, criatividade** e **expressão visual.**

Quadro 6 – Planejamento de uma aula sobre diversidade cultural com a metodologia da rotação por estação de aprendizagem com a Cramly

Preparação das estações	Crie diferentes estações de aprendizagem (quatro pelo menos) relacionadas à diversidade cultural. Sugestão a seguir. 1. Estação de pesquisa e exploração: Nesta estação, os alunos usarão a **Cramly** para pesquisar e explorar informações sobre diferentes culturas. 2. Estação de discussão e reflexão: Os alunos se reunirão em grupos pequenos para discutir suas descobertas. 3. Estação criativa: Nesta estação, os alunos expressarão sua compreensão da diversidade cultural de forma criativa. 4. Estação de avaliação e feedback: Os alunos avaliarão sua experiência na rotação por estações e fornecerão feedback.
Rotação dos grupos	15 minutos por estação (mas pode adequar a sua necessidade).

Atividades nas estações	Estação 1: Atividades: 1. Pesquisar tradições, costumes, culinária e festivais de culturas específicas. 2. Gerar resumos ou infográficos com os principais pontos aprendidos. Estação 2: Atividades: 3. Compartilhar experiências pessoais relacionadas à diversidade cultural. 4. Refletir sobre como a diversidade enriquece a sociedade e promove a compreensão mútua. Estação 3: Atividades: • Criar cartazes, poemas, músicas ou pequenas peças teatrais que celebrem a diversidade. • Usar a Cramly para gerar ideias criativas ou sugestões de abordagens artísticas. Estação 4: Atividades: • Preencher questionários ou diários reflexivos sobre o aprendizado. • Discutir como a **Cramly** facilitou a pesquisa e a criatividade.
Discussões e reflexões	Use a **Cramly** para gerar perguntas provocativas ou dilemas relacionados à diversidade.
Avaliação e feedback	Avalie o progresso dos alunos em cada estação. Peça que eles avaliem a experiência e forneçam feedback sobre o uso da **Cramly.**
Recursos adequados	Garanta que os alunos tenham acesso à **Cramly** e outros recursos necessários para cada estação.

Fonte: autora (2024)

Podemos utilizar nesse mesmo planejamento as outras duas ferramentas de IA, **Uizard.io** e **Leonardo.AI**? Sim, podemos. Vamos definir, então, o que elas significam e passamos a ver como elas podem ser aplicadas pedagogicamente no planejamento anterior.

De acordo com o site da Herospark (2024), **Uizard.io** é uma ferramenta de design de interface de usuário (UI) baseada em IA. Ela permite que você crie, valide e comunique conceitos de design em minutos, não em dias. Ela tem versão gratuita. Ao aplicá-la no planejamento de aula anterior, podemos perceber cinco competências de aprendizagem fundamentais: **criatividade, experimentação, colaboração, iniciativa** e **ideação**.

Quadro 7 – Adaptação do planejamento de uma aula sobre diversidade cultural com a metodologia da rotação por estação de aprendizagem com a Uizard.io

Estação de pesquisa e exploração	Os alunos usarão o **Uizard** para pesquisar e explorar informações sobre diferentes culturas. • Atividades: Pesquisar tradições, costumes, culinária e festivais de culturas específicas. Gerar resumos ou infográficos com os principais pontos aprendidos.
Estação de discussão e reflexão	Os grupos discutirão suas descobertas sobre diversidade cultural. • Atividades: Compartilhar experiências pessoais relacionadas à diversidade cultural. Refletir sobre como a diversidade enriquece a sociedade e promove a compreensão mútua.
Estação criativa	Os alunos expressarão sua compreensão da diversidade cultural de forma criativa. • Atividades: Criar cartazes, poemas, músicas ou pequenas peças teatrais que celebrem a diversidade. Usar o **Uizard** para gerar ideias criativas ou sugestões de abordagens artísticas.

Estação de avaliação e feedback	Os alunos avaliarão sua experiência na rotação por estações e fornecerão feedback. • Atividades: Preencher questionários ou diários reflexivos sobre o aprendizado. Discutir como o **Uizard** facilitou a pesquisa e a criatividade.

Fonte: autora (2024)

Sempre lembramos a necessidade de adaptação para os objetivos, segmento de ensino e recursos disponíveis. Cada realidade é por si só única. Até mesmo em relação ao perfil dos alunos.

Mas ainda podemos adaptar a sugestão referida com o uso da ferramenta de IA **Leonardo.AI**, que vem a ser definida como uma plataforma de **IA**, que também conta com uma versão gratuita, e que permite criar arte, imagens e vídeos com modelos de IA. Ela oferece a geração de ativos visuais de alta qualidade, simplificando a criatividade e acelerando a inovação. Vejamos com o usá-la no mesmo planejamento apontado anteriormente. Vamos adaptar conforme fizemos com a **Uizard.io**.

Quadro 8 – Adaptação do planejamento de uma aula sobre diversidade cultural com a metodologia da rotação por estação de aprendizagem com Leonardo.AI

Estação de pesquisa e exploração	Os alunos usarão o **Leonardo.AI** para gerar imagens relacionadas à diversidade cultural. • Atividades: Pesquisar tradições, símbolos e elementos culturais. Gerar imagens que representem diferentes culturas.
Estação de discussão e reflexão	Os grupos discutirão as imagens geradas e suas interpretações. • Atividades: Compartilhar percepções sobre a diversidade cultural. Refletir sobre como as imagens representam diferentes aspectos culturais.

Estação criativa	Os alunos expressarão sua compreensão da diversidade cultural por meio da criação visual. • Atividades: Criar ilustrações, colagens ou composições visuais que celebrem a diversidade. Usar o **Leonardo.AI** para gerar novas ideias e estilos artísticos.
Estação de avaliação e feedback	Os alunos avaliarão suas experiências e os resultados das imagens geradas. • Atividades: Preencher questionários sobre a eficácia da ferramenta. Discutir como o **Leonardo.AI** influenciou sua percepção da diversidade cultural.

Fonte: autora (2024)

Observamos que, com essa aplicação pedagógica, podemos desenvolver em nossos alunos as seguintes competências de aprendizagem: **autonomia da aprendizagem, criatividade e expressão artística, pensamento crítico e interpretação, colaboração e comunicação e sensibilidade cultural e empatia.** Nesse sentido, trabalhamos competências técnicas e socioemocionais.

6.3 Relação uso das ferramentas de IA com metodologia de rotação por estação de aprendizagem e competências desenvolvidas

Como vimos, a educação está passando por transformações significativas na era da IA. Uma dessas mudanças envolve a maneira como professores e alunos interagem no processo de ensino-aprendizagem. Nesse contexto, as ferramentas de IA desempenham um papel crucial. A metodologia de rotação por estação de aprendizagem consiste em criar diferentes ambientes dentro da sala de aula, formando um circuito. Cada estação oferece atividades diversas, mas relacionadas ao mesmo tema. Além disso, uma das estações deve incorporar recursos digitais, como ferramentas online ou aplicativos. Os alunos fazem um rodízio entre essas estações, experimentando diferentes abordagens de aprendizado.

Como a IA se encaixa na rotação por estações? As ferramentas de IA podem personalizar o aprendizado, analisando dados sobre o desempenho dos alunos e adaptando as abordagens de ensino às preferências individuais. Além disso, a IA fornece feedback inteligente durante as atividades nas estações, corrigindo erros e promovendo a autorregulação do aprendizado. Uma das estações pode ser totalmente baseada em recursos digitais, como tutoriais online ou simuladores, enriquecidos pela IA para torná-los mais envolventes e adaptáveis às necessidades dos alunos.

Essa combinação promove o desenvolvimento de competências, como autonomia, colaboração, pensamento crítico e competência digital. Em resumo, a metodologia de rotação por estação de aprendizagem, aliada às ferramentas de IA, cria um ambiente dinâmico e adaptativo, favorecendo o aprendizado significativo e o desenvolvimento integral dos estudantes. Como nos referimos anteriormente, vejamos o infográfico a seguir, que sintetiza o uso das ferramentas de IA aqui sugeridas e as competências de aprendizagem desenvolvidas nos alunos.

Figura 3 – Rotação por estação de aprendizagem

Fonte: autora (2024)

6.4 Considerações parciais

A rotação por estações é uma metodologia de ensino híbrido que cria diferentes ambientes dentro da sala de aula. Ela permite que os estudantes abordem o conteúdo de maneiras variadas, relacionando conceitos teóricos com aplicações práticas. Durante a mesma aula, os alunos experimentam um início, meio e fim do conteúdo, tornando o aprendizado mais abrangente. Além disso, essa metodologia estimula o pensamento crítico, promove autonomia e interação social e reduz o papel do professor para orientador.

Quanto às ferramentas de IA **Cramly, Uizard.io** e **Leonardo.AI**, elas podem enriquecer ainda mais essa abordagem, pois oferecem possibilidades inovadoras para o desenvolvimento de produtos digitais e o aprimoramento das competências dos alunos. Vale a pena explorá-las como recursos para potencializar a rotação por estações e promover um ambiente de aprendizagem dinâmico e eficaz.

No contexto educacional, as três ferramentas de IA – **Cramly, Uizard.io** e **Leonardo.AI** – oferecem oportunidades valiosas para os alunos. O **Uizard.io** permite que eles criem wireframes de aplicativos ou sites, estimulando a criatividade e a expressão visual. O **Leonardo.AI**, com recursos de processamento de linguagem natural e visão computacional, desenvolve habilidades de pesquisa e análise crítica. Já a **Cramly** otimiza processos de estudo online para auxiliar estudantes na preparação para exames e no aprimoramento do desempenho acadêmico. Os alunos podem criar flashcards, quizzes e guias de estudo para revisar e testar seus conhecimentos em diversas disciplinas. Nesse sentido, integrar essas ferramentas ao ambiente educacional prepara os alunos para lidar com as demandas tecnológicas do futuro.

CONCLUSÃO

O uso de IA na educação está transformando o ensino ao permitir a personalização da aprendizagem de forma sem precedentes. Com a capacidade de analisar grandes volumes de dados, a IA possibilita a criação de experiências educacionais mais eficientes e adaptadas às necessidades individuais dos alunos, oferecendo feedback em tempo real e insights valiosos para os educadores. No entanto, é essencial que a integração dessas tecnologias seja realizada de maneira ética, garantindo a privacidade dos dados e a equidade no acesso.

A IA não substitui os professores, mas os capacita a desempenhar um papel ainda mais crucial na educação, atuando como provocadores da curiosidade e do pensamento crítico. A combinação entre IA e metodologias ativas, como a ABP e a SAI, potencializa o protagonismo do estudante, promovendo um aprendizado mais significativo e integrado.

Ferramentas de IA, como Elicit, Symbolab, e Open Knowledge Maps, se destacam ao facilitar o acesso a informações relevantes e promover a interdisciplinaridade. Estas, quando alinhadas às metodologias ativas, criam ambientes de aprendizagem dinâmicos que preparam os alunos para os desafios do futuro. Além disso, é fundamental que os educadores sejam valorizados e tenham acesso à formação continuada para que possam aproveitar ao máximo essas tecnologias em benefício de seus alunos.

Em suma, a colaboração entre IA e educadores, apoiada por uma implementação ética e responsável, é chave para uma educação que prepare os alunos para um mundo em constante evolução.

REFERÊNCIAS

ALCANTARA, E. F. S. de. Rotação por Estações de Aprendizagem. **Simpósio**, [*s. l.*], n. 8, mar. 2020. ISSN 2317-5974. Disponível em: http://revista.ugb.edu.br/ojs302/index.php/simposio/article/view/2107. Acesso em: 19 jun. 2024.

ALMEIDA, G. S. *et al.* O Papel do Professor no Ambiente de E-Learning de Aprendizagem. **Revista Ilustração**, Cruz Alta, v. 5, n. 1, p. 291-298, 2024. Disponível em: https://journal.editorailustracao.com.br/index.php/ilustracao/article/view/274/214. Acesso em: 22 jun. 2024.

ALMEIDA, M. I. **O sindicato como instância formadora de professores**: novas contribuições ao desenvolvimento profissional. 1999. Tese (Doutorado em Educação) – Departamento de Metodologia do Ensino, Universidade Estadual de São Paulo, São Paulo, 1999.

ALMEIDA, R. Imaginário Tecnológico e Inteligências Artificiais: o ChatGPT na Educação. **Revista Gradmais**, São Paulo, v. 1, n. 1, p. 1-101, 2023. Disponível em: https://www.revistas.usp.br/gradmais/article/view/215912. Acesso em: 22 jun. 2024.

ALVES, L. R. G. (org.). **Inteligência Artificial e educação**: refletindo sobre os desafios contemporâneos. – Salvador: EDUFBA: Feira de Santana: UEFS Editora, 2023. Disponível em: https://repositorio.ufba.br/handle/ri/38646. Acesso em: 10 maio 2024.

AUSUBEL, D. P. **Aquisição e retenção de conhecimentos**: uma perspectiva cognitiva. Lisboa: Plátano, 2003.

BARROS, R. Ensinar e aprender em tempos pandêmicos: (re)inventando práticas pedagógicas. **Revista Educação Pública**, [*s. l.*], v. 21, n. 44, 2021.

BATES, A. W. **Teaching in a Digital Age**: Guidelines for Designing Teaching and Learning. Vancouver BC: Tony Bates Associates Ltd, 2015.

BEAUCARDET, W.; PEDRAZA, J. Sem aulas e de graça: a escola de programação mais revolucionária do mundo. **EL PAÍS Brasil**, São Paulo, 23 jun. 2017. Disponível em: https://brasil.elpais.com/brasil/2017/06/13/cultura/1497369606_046569.html. Acesso em: 22 jun. 2024.

BERGMANN, J.; SAMS, A. **Sala de aula invertida**: uma metodologia ativa de aprendizagem. Tradução de Afonso Celso da Cunha Serra. Rio de Janeiro: LTC, 2016.

BRASIL. Ministério da Educação (MEC). **Base Nacional Comum Curricular**. Brasília: MEC, 2018.

CANALTECH. O que muda do Bard para o Gemini? 2024. Disponível em: https://canaltech.com.br/inteligencia-artificial/o-que-muda-do-bard--para-o-gemini/. Acesso em: 27 ago. 2024.

COC. Como usar o ChatGPT na educação. **COC Blog Aprendizagem**, São Paulo, 2024. Disponível em: https://coc.com.br/blog-aprendizagem/como-usar-o-chatgpt-na-educacao/. Acesso em: 12 maio 2024.

COSTA JÚNIOR, J. F. *et al.* Aprendizagem significativa e desenvolvimento de competências para o século XXI. **Revista Educação, Humanidades e Ciências Sociais**, [*s. l.*], v. 7, n. 14, p. 1-18, jul./dez. 2023.

CUNHA, J. S. *et al.* Benefícios da tutoria em contexto escolar: análise dos preditores relacionados com o professor-tutor. **Revista de Educação PUC-Campinas**, Campinas, v. 28, 2023. Disponível em: http://educa.fcc.org.br/scielo.php?pid=S1519-39932023000100105&script=sci_arttext. Acesso em: 22 jun. 2024.

DURSO, S. O. Reflexões sobre a Aplicação da Inteligência Artificial na Educação e seus Impactos para a Atuação Docente. **Educação em Revista**, [*s. l.*], v. 40, 2024.

FEENBERG, A. Teoria Crítica da Tecnologia. **Colóquio Internacional Teoria Crítica e Educação**, Unimep, Ufscar, Unesp, [*s. l.*], 2004.

GIROUX, H. **Os professores como intelectuais**. Porto Alegre: Artes Médicas, 1997.

GRAMSCI, A. **Os intelectuais e a organização da cultura**. Rio de Janeiro: Civilização Brasileira, 1985.

GUIMARÃES JUNIOR, J. C. *et al.* O Papel da Inteligência Artificial na Personalização da Aprendizagem. **Ciências Humanas**, [*s. l.*], v. 28, n. 131, fev. 2024.

GUIMARÃES, A. L. **Aprendizagem colaborativa e redes sociais**: experiências inovadoras. Curitiba: Appris, 2018.

GUIMARÃES, A. L. Tutor é Professor – perspectivas pedagógicas e trabalhistas do trabalho docente em EAD. 2019. Disponível em: http://www.abed.org.br/congresso2019/anais/trabalhos/34671.pdf. Acesso em: 6 fev. 2022.

GUIMARÃES, A. L. Inteligência Artificial e Personalização da Aprendizagem. **Apresentação no ACCINET UNISUAM**, Rio de Janeiro, 2024. No prelo.

GUIMARÃES, A. L. **Ensinar no Século XXI** – Reflexões, Práticas e Experiências com Metodologias Ativas e Tecnologias Digitais. Rio de Janeiro: Epitaya Propriedade Intelectual Editora Ltda., 2022.

GUIMARÃES, M. C. B. *et al.* Metodologia de Rotação por Estações: uma análise das possibilidades e desafios na prática pedagógica. **Revista Amor Mundi**, Santo Ângelo, v. 4, n. 5, p. 101-106, 2023.

HAGEMEYER, R. C. DE C. Dilemas e desafios da função docente na sociedade atual: os sentidos da mudança. **Educ. rev.**, [*s. l.*], v. 24, dez. 2004. DOI: 10.1590/0104-4060.350.

HEROSPARK. **Synthesia:** O que é e como funciona. 2024. Disponível em: https://herospark.com/blog/synthesia-o-que-e/. Acesso em: 11 maio 2014.

KAUFMAN, A.; SANTAELLA, L. Integração de ferramentas de IA no processo educacional: benefícios e desafios éticos. **Revista de Educação e Tecnologia**, [*s. l.*], v. 16, n. 2, p. 123-145, 2023.

LE BOTERF, G. **Développer et mettre en *œuvre* la compétence**: Comment investir dans le professionnalisme et les compétences. Paris: Eyrolles, 2018.

LEE, J. Y. et al. Inteligência artificial (IA) generativa e competência em informação: habilidades informacionais necessárias ao uso de ferramentas de IA generativa em demandas informacionais de natureza acadêmica-científica. **Perspectivas em Ciência da Informação**, [*s. l.*], v. 29, 2024.

LEHMANN, L.; PARREIRA, A. Instrumentos inovadores de aprendizagem: uma experiência com o WhatsApp. **Revista Lusófona de Educação**, Lisboa, v. 43, n. 43, p. 75-89, maio 2019. Disponível em: https://revistas.ulusofona.pt/index.php/rleducacao/article/view/6771. Acesso em: 5 maio 2024.

LÉVY, P. **As tecnologias da inteligência**: o futuro do pensamento na era da informática. Rio de Janeiro: Elsevier, 2010.

LUCKESI, C. C. **Avaliação de aprendizagem**: componente do ato pedagógico. São Paulo: Cortez, 2011.

MORAN, J. O uso equilibrado da Inteligência Artificial na Educação. 2024. Disponível em: https://moran10.blogspot.com/2024/06/o-uso--equilibrado-da-inteligencia.html. Acesso em: 27 jun. 2024.

MUSEU WEG DE CIÊNCIA E TECNOLOGIA. ChatGPT na educação: entenda quais são as possibilidades e os impactos dessa IA. 2024. Disponível em: https://museuweg.net/blog/chatgpt-na-educacao-quais--sao-as-possibilidades-e-impactos/. Acesso em: 14 maio 2024.

OCDE. **Education today 2013**: the OCDE perspective. Paris, 2012.

OLITE, F. M. D.; SUÁREZ, I. D. R. M.; LEDO, M. J. V. Chat GPT: origen, evolución, retos e impactos en la educación. **Educación Médica Superior**, [*s. l.*], v. 37, n. 2, 2023.

OLIVEIRA, A. F. *et al.* Análise da técnica de rotação por estações para o ensino de ciências naturais. **Brazilian Journal of Development**, [*s. l.*], v. 10, n. 3, p. 1.361-1.1374, 2023.

OLIVEIRA, L.; PINTO, M. **A Inteligência Artificial na Educação**: Ameaças e Oportunidades para o Ensino-Aprendizagem. São Paulo: Editora Educação Futura, 2023.

OLIVEIRA, R. L. de *et al.* A transformação da educação na era da inteligência artificial: impactos e perspectivas. Educação, Pedagogia, [*s. l.*], v. 28, n. 134, maio 2024. DOI: 10.5281/zenodo.11192418.

OLIVEIRA, W. M. de. Uma abordagem sobre o papel do professor no processo ensino/aprendizagem. **Revista de Educação e Cultura Contemporânea**, [*s. l.*], v. 28, n. 1, p. 123-138, 2021.

PARREIRA, A.; LEHMANN, L.; OLIVEIRA, M. O desafio das tecnologias de inteligência artificial na Educação: percepção e avaliação dos professores. **Ensaio**: Avaliação e Políticas Públicas em Educação, [*s. l.*], v. 29, n. 113, p. 975-999, 2021. Disponível em: https://www.scielo.br/j/ensaio/a/nM9Rk8swvtDvwWNrKCZtjGn/?format=pdf&lang=pt. Acesso em: 22 jun. 2024.

PEARSON HIGHER EDUCATION. 5 aplicações da inteligência artificial na educação. 2024. Disponível em: https://hed.pearson.com.br/blog/inteligencia-artificial-principais-aplicacoes-na-educacao. Acesso em: 27 jun. 2024.

RAMOS, A. S. M. **Inteligência Artificial Generativa baseada em grandes modelos de linguagem** - ferramentas de uso na pesquisa acadêmica. 2023. Disponível em: https://doi.org/10.1590/SciELOPreprints.6105. Acesso em: 11 maio 2024.

SALES, G. L. *et al.* Educação 2050: Pensar o Futuro em Tempos de Mudanças Aceleradas. **HOLOS**, [*s. l.*], ano 38, v. 4, e13962, 2022.

SANTAELLA, L. **A inteligência artificial é inteligente?** São Paulo: Editora Perspectiva. 2023.

SANTOS, W. A. C.; MERCADO, L. P. L.; PIMENTEL, F. S. C. Sala de aula invertida na educação básica: potencialidades e desafios. **Revista Temática**, [*s. l.*], v. 17, n. 10, p. 1-15, 2021. DOI: 10.22478/ufpb. 1807-8931.2021v17n10.61084. Acesso em: 14 maio 2024.

SILVA, L. I. da; PARESCHI, C. Z.; OLIVEIRA, J. N. S. Metodologias ativas: utilidades do ChatGTP no contexto da sala de aula invertida. **RE@D** – Revista de Educação a Distância e eLearning, [*s. l.*], v. 6, n. 2, jul.-dez. 2023. Disponível em: https://revistas.rcaap.pt/lead_read/article/view/31474. Acesso em: 14 maio 2024.

SOUSA, L. G. V. Curadoria: novo conceito para a práxis docente? **REU-NINA** - Revista de Educação e Ensino da Faculdade Unina, [*s. l.*], v. 4, n. 1, p. 77, 2024. Disponível em: https://revista.unina.edu.br/index.php/re/article/view/205/152. Acesso em: 22 jun. 2024.

TAVARES, L. A.; MEIRA, M. C.; AMARAL, S. F. do. Inteligência Artificial na Educação: Survey. **Brazilian Journal of Development**, Curitiba, v. 6, n. 7, p. 48.699-48.714, jul. 2020.

TÉBAR, L. **O perfil do professor mediador**: pedagogia da mediação. Editora Senac São Paulo, 2023.

UNESCO. Consenso de Pequim sobre Inteligência Artificial e Educação. Disponível em: https://unesdoc.unesco.org/ark:/48223/pf0000372249. Acesso em: 11 maio 2024.

VITIELLO, M. G. F.; NANTES, E. A. S.; FONTEQUE, V. S. A Sala de Aula Invertida: Relato de uma Prática Pedagógica de Estágio no Contexto Pandêmico para a Educação Disruptiva. **Anais do CIET:CIESUD:2022**, São Carlos, set. 2022. ISSN 2316-8722. Disponível em: https://cietenped. ufscar.br/submissao/index.php/2022/article/view/2369. Acesso em: 13 maio 2024.

VITIELLO, M. G. F.; NANTES, E. A. S.; FONTEQUE, V. S. Sala de Aula 4.0 - Uma Proposta de Ensino Remoto Baseado em Sala de Aula Invertida, Gamificação e PBL. **Anais do CIET:CIESUD:2022**, São Carlos, set. 2022a.

VITIELLO, M. G. F.; NANTES, E. A. S.; FONTEQUE, V; S. Metodologias Ativas: Utilidades do ChatGTP no Contexto da Sala de Aula. **Anais do CIET**:CIESUD:2022, São Carlos, set. 2022b. ISSN 2316-8722. Disponível em: https://repositorioaberto.uab.pt/bitstream/10400.2/15233/1/READ_V6%20N2_e202307.pdf. Acesso em: 13 maio 2024.

Outros sites:

Cramly: o que é e como funciona? [ATUALIZADO] (herospark.com). Acesso em: 20 jun. 2024.

As 10 principais ferramentas e software de design de IA (2024) - Hash-Dork. Acesso em: 20 jun. 2024.

Sugestões de acesso às ferramentas de IA referidas aqui:

Cramly

Para acessar o Cramly, basta visitar o site oficial: Cramly.ai.

Uizard. Io

Para acessar o Uizard, basta visitar o site oficial: Uizard.io.

https://youtu.be/PD5j7Ll7wLs?t=78

https://www.bing.com/search?showselans=1&IG=CC5A3A7393A64E38A-2546BCA6D711DA9&IID=SERP.5017&cw=1702&ch=840&dissrchswri-te=1&lightschemeovr=1&kseed=17500&SFX=22&partnerId=bing-chat&tone=Balanced&q=o+que+%C3%A9+e+como+acessar+uizard.io&iframeid=b3aaab4b-49fd-4dc7-938c-9570831f4993#

Leonard.AI

Para acessar o Leonardo.AI, basta visitar o site oficial: Leonardo.AI.

Sites sugeridos para acesso às ferramentas:

https://elicit.com/?redirected=true. Acesso em: 21 jun. 2024

https://www.symbolab.com/. Acesso em: 21 jun. 2024

https://openknowledgemaps.org/. Acesso em: 21 jun. 2024